I0217536

www.ingramcontent.com/pod-product-compliance
Lightning Source LLC
Chambersburg PA
CBHW031419040426
42444CB00005B/644
9781685681807

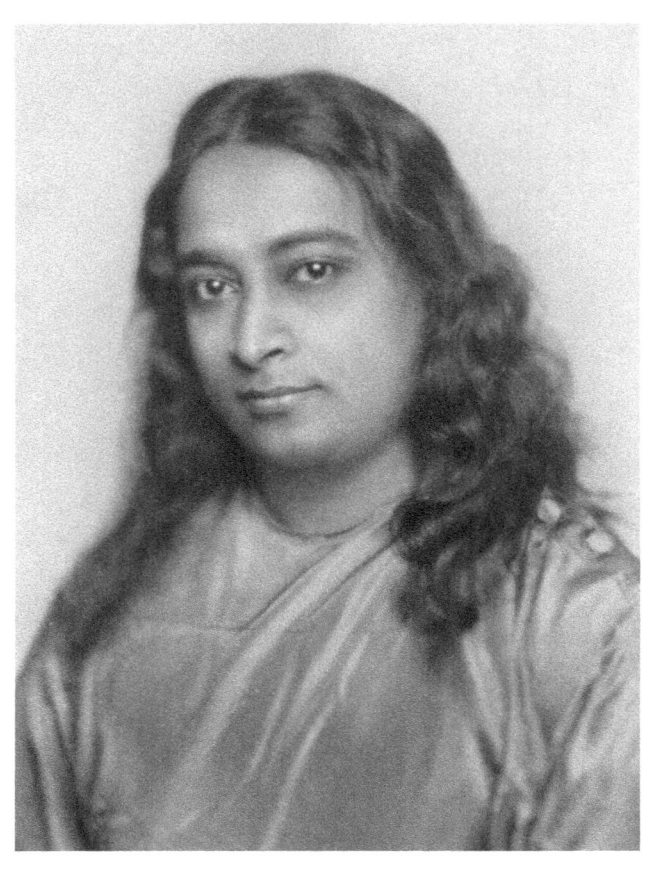

برمهنسا يوغانندا
(١٨٩٣ - ١٩٥٢)

برمهنسا
يو غانندا

لكي تنتصر في الحياة

Self-Realization Fellowship
FOUNDED 1920 BY PARAMAHANSA YOGANANDA

نبذة عن هذا الكتاب: نُشرت المحاضرات في كتاب (لكي تنتصر في الحياة *To Be Victorious in Life*) في الأصل من قبل Self-Realization Fellowship في مجلتها، Self-Realization، التي أسسها برمهنسا يوغانندا في عام ١٩٢٥. أُلقيت هذه المحاضرات في المقر العالمي لـ Self-Realization Fellowship في لوس أنجلوس وفي معبد SRF في إنسينيتاس، كاليفورنيا ؛ وتم تدوينها بطريقة الاختزال بواسطة شري دايا ماتا، إحدى أوائل وأقرب تلاميذ برمهنسا يوغانندا.

تم نشر العنوان الأصلي باللغة الإنكليزية
بواسطة Self-Realization Fellowship، لوس أنجلوس (كاليفورنيا):
To Be Victorious in Life

ISBN: 978-0-87612-456-7

تُرجم إلى العربية بواسطة Self-Realization Fellowship

حقوق النشر محفوظة لـ Self-Realization Fellowship © ٢٠٢٣

Copyright © 2023 Self-Realization Fellowship

جميع الحقوق محفوظة. باستثناء الاقتباسات الموجزة في مراجعات الكتب، لا يجوز إعادة إنتاج أي جزء من لكي تنتصر في الحياة *(To be Victorious in Life)* أو تخزينه، أو نقله، أو عرضه بأي شكل، أو بأي وسيلة (إلكترونية أو ميكانيكية أو غير ذلك) معروفة الآن أو سيتم ابتكارها فيما بعد — بما في ذلك النسخ والتسجيل أو أي نظام لتخزين المعلومات واسترجاعها — دون إذن كتابي مسبق من الناشر:

Self-Realization Fellowship, 3880 San Rafael Avenue, Los Angeles, California 90065-3219, U.S.A.

بترخيص من مجلس النشر الدولي التابع إلى
Self-Realization Fellowship

إن اسم وشعار (Self-Realization Fellowship) المبينين أعلاه يظهران على جميع كتب وتسجيلات ومطبوعات أخرى صادرة عن Self-Realization Fellowship، مما يؤكد للقارئ أن المادة المنشورة مصدرها الجماعة التي أسسها برمهنسا يوغانندا وأنها تنقل تعاليمه بصدق وأمانة.

الطبعة العربية الأولى، ٢٠٢٣
First edition in Arabic, 2023
هذا الإصدار، ٢٠٢٣
This printing, 2023

ISBN: 978-1-68568-180-7

1298-J08107

المحتويات

القسم الأول
توسيع وعيك لتحقيق النجاح الشامل ٩

القسم الثاني
العثور على طريقك إلى النصر ٤٦

لكي تنتصر في الحياة

القسم الأول

توسيع وعيك لتحقيق النجاح الشامل

الباب إلى ملكوت السماوات موجود في مركز الوعي السامي المحتجب في النقطة التي بين الحاجبين. إذا حصرت انتباهك في موضع التركيز هذا فستجد قوة روحية عظيمة وعوناً كبيراً يأتيانك من الداخل. اشعر أن وعيك يتمدد في الوعي الإلهي.

واشعر أنه لا توجد حواجز تصدك، ولا تعلّقات جسدية تقيّدك، بل أنك تمضي قدماً نحو ملكوت الله الذي يمكن دخوله عن طريق العين الروحية.*

* عين الحدس والإدراك الكلي في مركز المسيح (كوتاستا) (أجنا شاكرا) بين الحاجبين. العين الروحية هي المدخل إلى الحالات النهائية للوعي الإلهي. من خلال إيقاظ العين الروحية والنفاذ منها، يختبر المريد حالات أعلى متتالية: الوعي السامي، ووعي المسيح، والوعي الكوني. والأساليب التحضيرية لبلوغ تلك الحالات هي جزء من علم كريا يوغا *Kriya Yoga* للتأمل، والذي يتم تدريس تقنياته للطلاب المنتسبين للدروس *Self-Realization Fellowship Lessons* التي تتضمن تعاليم برمهنسا يوغاناندا.

تم جمع الأقوال حول هذا الموضوع من محاضرات أُلقيت في أكتوبر/تشرين الأول - نوفمبر/تشرين الثاني ١٩٣٩.

صلِّ معي: "أيها الآب السماوي، افتح عيني الروحية حتى أتمكن من الدخول إلى ملكوتك كلي الوجود. يا أبتاه، لا تتركني في عالم البؤس والفناء هذا. خذ بيدي من الظلمة إلى النور، ومن الموت إلى الخلود، ومن الجهل إلى الحكمة اللامتناهية، ومن الحزن إلى الفرح الأبدي".

القوة الروحية اللامحدودة في داخلنا

أثناء سيرك على دروب الحياة الملتوية والمتفرعة، ابحث قبل كل شيء عن الطريق الذي يؤدي إلى الله. إن الأساليب التي أوصى بها حكماء الهند المستنيرون (الريشيز) والتي أثبتت صحتها وفعاليتها على مر الزمن، تبين الطريقة العالمية للتغلب على عدم اليقين والجهل من خلال اتباع مسار النور الإلهي الذي أناروه، والذي يفضي مباشرة إلى الهدف الأسمى. إن تعاليم Self—Realization Fellowship هي صوت معلمي الهند، وصوت الحقيقة، وصوت الإدراك العلمي لله، والذي من خلاله سيجد العالم الجديد الفهم والتحرر والخلاص.

فقط في الوعي الإلهي نبلغ الحرية المطلقة والخلاص الكامل. وهكذا يجب أن نبذل قصارى جهدنا حتى نحصل من يدي السماء على شهادة اعتراف من أبينا السماوي، والتي من خلالها يمنحنا النصر على كل شيء.

هذا العالم ليس سوى مكان اختبار إلهي حيث يمتحننا الله

ليرى ما إذا كنا سنطوّر القوة الروحية اللامحدودة بداخلنا أو نقيّد أنفسنا بالجواذب المادية. إنه يبقى صامتاً، والخيار متروك لنا. أعتقد أننا لن نخطئ إذا اتبعنا التعاليم التي أعطتها الهند، والتي تخصَّص فيها معلموها. إن هديتها الأسمى للعالم هي معرفة كيفية العثور على الله، من خلال أساليب تدريجية. إذا اتبعت تعاليم Self-Realization التي أتيت بها لك من معلمي الهند، يمكنك العثور على الله في هذه الحياة. هذا ما أصرّح به وأعلنه لك. ابدأ الآن قبل أن تضيع الفرصة وقبل أن تغادر هذه الأرض.

كل كلمة تأتي إليك من خلالي تأتي من الله. وما أقوله لك اختبرته أنا بنفسي. إذا مارست هذه الحقائق ستلمس بنفسك أن ما أقوله حقيقي. إنني أعطيك شذرات الحقيقة الذهبية، التي ستجعلك غنياً بالروح إذا استخدمتها واستفدت منها إلى أقصى حد.

في حين يندفع العالم في وجهة مجهولة، لا تضع وقتك في السعي وراء أمور وقتية زائلة. لماذا تهرول وراء القليل من المال أو القليل من الصحة؟ هذه طرق مسدودة. نبدو أننا ضعفاء للغاية؛ يحدث شيء خطأ فنصاب بالانهيار. لكن وراء كل عظمة ونسيج من عظامنا وأنسجتنا، ووراء كل فكر وإرادة من أفكارنا وإراداتنا، يوجد روح الله اللامتناهي. اطلبه وستحقق انتصاراً كاملاً. وسوف تبتسم للعالم ابتسامة نابعة من داخلك، وتظهر أنك وجدت شيئاً أعظم بكثير من الكنوز المادية.

النجاح الحقيقي
لجعل حياتك مَجداً وسعادة
لك وللآخرين

قلة قليلة من الناس يعرفون طريقة توسيع الوعي التي تشكّل النجاح الحقيقي. لقد أتيتَ إلى هذا العالم دون أن تعرف الامكانات الرائعة التي تمتلكها، ومعظم الناس يعيشون دون أن يحاولوا تنمية إمكاناتهم بطرق علمية.

ونتيجة لذلك، فإن حياتك على هذا الكوكب يكتنفها الغموض وعدم اليقين إلى حد ما. لكن بدلاً من أن تعيش حياة غير خاضعة للتحكم والسيطرة، تتقاذفك رياح الأقدار التي تبدو متقلبة غريبة الأطوار، يمكنك أن تعيش بكيفية منضبطة تستطيع من خلالها أن ترتب أمورك وأن تجعل حياتك تثمر توسعاً في الوعي يسفر عن تنمية الإمكانات الروحية في داخلك.

يتحقق النجاح عندما توسّع نطاق وعيك بحيث تصبح حياتك ازدهاراً وسعادة لك وللآخرين. النجاح ليس شيئاً يمكن تحقيقه على حساب الآخرين. لقد رأيتُ، أثناء السفر بالسيارة، أن هناك دائماً بعض السائقين المتمهلين الذين يقودون سياراتهم ببطء شديد ولا يسمحون لأي شخص بتجاوزهم. على طريق الحياة السريع، بعض الناس هم سائقون بطيؤون. إنهم عنيدون ومتشبثون بطرقهم الأنانية. فهم لا يتقدمون ولا يمنحون الآخرين فرصة للتقدم. ومن الأمثلة على ذلك، الأشخاص البخلاء الذين يكدّسون ثرواتهم بدلاً من استخدامها لخلق الفرص والرفاهية للآخرين.

من بين جميع نقاط ضعف الإنسان، تُعد الأنانية من أكثر الشياطين لؤماً وخساسة. ويتعين التغلب عليها بشهامة الشخص وروحه السمحة.

فالنجاح الحقيقي، بدلاً من أن يضيق وينحصر في المصلحة الذاتية، يتمدد ويتسع بتقديم المساعدة والخدمات. الزهرة، على الرغم من ارتباطها بالساق، إلا أن رائحتها وجمالها يوسّعان مجال فائدتها. بعض الأزهار تنفث أريجها لمسافة قصيرة؛ وهناك زهور تفتقر إلى العطر، إلاّ أنها تتحفنا بجمالها لتمنحنا البهجة. والأشجار تعطي من خلال تمدد غصونها وفروعها. فهي تمنح الظل البارد والفواكه الشهية، وتحويل نفايات ثاني أكسيد الكربون إلى أكسجين كي نتنفسه. والشمس البعيدة التي تبدو صغيرة في السماء تطلق أشعتُها خارج مجالها الضوءَ والدفء. والنجوم تشاركنا فرحة بريقها الشبيه بالجواهر. وكل تعابير الله في الطبيعة تبعث اهتزازاً يخدم العالم بطريقة ما.

ويا من أنت أسمى خليقته، ماذا تفعل لتتجاوز نطاق ذاتك؟ إن روحك هي منارة من القوة اللانهائية. يمكنك توسيع هذه القوة من الداخل وإعطاء النور والصحة والفهم للآخرين.

بعض الأشخاص الذين قابلتهم عبر السنين لم يتغيروا على الإطلاق. بل ظلوا كما هم كالأحافير المتحجرة. الفرق بين الأحفورة والنبات هو أن الأحفورة هي ذاتها الآن كما كانت منذ ملايين السنين، لكن النبات يستمر في النمو. تريد أن تكون بذرة حية. فبمجرد وضع البذرة في الأرض تبدأ في الدفع إلى أعلى واجتذاب أشعة الشمس والهواء، ثم تقوم بمد فروعها، وأخيراً

تصبح شجرة قوية وتغطي نفسها بالزهور. وهذا هو المقصود من الإنسان: أن يكون نبتة روحية مزدهرة، وليس خشبة متحجرة.

لديك القدرة على مَد فروع مزهرة من القوة والنجاح من حولك، بحيث يكون لحياتك الملهمة تأثير على الكون بأسره.

لم يكن هنري فورد سوى رجل بسيط بدأ عمله في مرآب صغير، ولكن بفضل روح المبادرة الخلاقة جعل الناس تحس بوجوده في جميع أنحاء العالم. ونفس الشيء ينطبق على جورج ايستمان، الذي اخترع آلة التصوير كوداك. هناك مكان في الجنة للأشخاص الناجحين —— وإنهم يتمتعون بتلك الجنة. أنا أتحدث عما أعرفه من تجربتي الخاصة. كل إنسان عظيم صنع شيئاً بمبادرته الذاتية في هذا العالم من خلال تفعيل القوى الإلهية الكامنة في روحه له اعتراف في السماء.

تفعيل القانون الإلهي
من أجل التقدم والنجاح

هذه الخليقة لا تديرها قوى عمياء. بل تعمل وفق خطة ذكية. لو أن الله خلق الجوع، ولكنه لم يفكر في خلق الطعام لإشباع ذلك الجوع، فماذا سيحل بنا؟ من غير المعقول أن نفترض أن هذا العالم ناجم عن محض صدفة لمجموعات مختلفة من الذرات، دون وجود عقل مدبّر لتوجيه تلك الذرات.

بل على العكس من ذلك، من الواضح أن هناك قانوناً ونظاماً في الكون. إن حياتك، وكل أشكال الحياة، محكومة بقوانين الله

الكونية التي تعمل بدقة رياضية وبفطنة وذكاء. لذلك وفقاً لقانون العمل الإلهي أو الكارما والسبب والنتيجة، يتم تسجيل كل ما تفعله في روحك. وهكذا فإن كل ما تنجزه من خلال قوة الإرادة والإبداع سيكون — على قدر ما تقوم به من أعمال طيبة — جواز سفرك بعد الموت إلى المناطق السماوية التي تستحق النفوس المستقيمة الصالحة الذهاب إليها. وعندما تتجسد في هذا العالم، ستولد بهذه القوى العقلية التي طورتها جهودك السابقة.

لنفترض أن أحدهم يولد في هذه الحياة بجسد مريض وقدْرٍ ضئيل من الخيرات والمزايا المادية، ويظل مع ذلك يحاول حتى الموت أن يفعل كل شيء بأفضل ما في وسعه. والحالة هذه فإن رفضه الاعتراف بالفشل يخلق مغناطيسية ديناميكية ستجذب له الصحة والرخاء وأصدقاء يساعدونه، وما إلى ذلك في تجسده التالي. أو افترض أن المرء يتخذ القرار التالي: "سأفعل شيئاً يستحق الاعتبار لخدمة الإنسانية"، لكنه يموت قبل أن تتاح له فرصة استكمال مهمته النبيلة.

فعندما يعود [إلى الأرض] مرة أخرى، سينتقل هذا القرار الراسخ إلى حياته الجديدة، جنباً إلى جنب مع تلك القوى العقلية اللازمة لتحقيق هذا الهدف. إن كل ما تُدعى مزايا "وراثية" وفرصاً "مواتية" في الحياة ليست مجرد حظوظ ومصادفات، ولكنها نتيجة مشروعة لأسباب تعود إلى أفعال قام بها المرء بنفسه في وقت ما في الماضي. لهذا السبب يجب أن تبدأ في إنجاز شيء ما الآن لضمان نجاحك في المستقبل.

ولتفعيل قانون العمل هذا، يجب أن تكون مفعماً بالنشاط.

وبدلاً من التحجر والقصور الذاتي، اعمل على تنشيط قدراتك وتفعيل قواك. الكثير من الناس كسالى ويفتقرون إلى الطموح — فهم يقومون بأقل قدر ممكن من العمل كي يعيشوا ويأكلوا إلى أن توافيهم المنية. مثل هذا العيش الخامل بالكاد يستحق أن يسمى حياة. أن تكون حياً يعني أن تمتلك هدفاً وهمةً عالية متأججة، وأن تمضي قدماً بعزيمة ماضية لبلوغ ذلك الهدف.

يجب أن تكون نشيطًا بحماس، وأن تصنع شيئاً ما لنفسك، وتعطي شيئاً ذا قيمة للعالم.

ولأن معلمي الروحي [سوامي سري يوكتسوار] عزز في داخلي الاقتناع بأن بمقدوري إنجاز أمور هامة فقد بذلت الجهد لتحقيق ذلك، على الرغم من كل القوى التي حاولت صدّي.

كثيرون يفكرون بأشياء عظيمة، إلا أنهم لا يعملون على تحقيقها. ومع ذلك، فإن النشاط هو الذي يخلق العظمة. ما لم تنجز بالفعل، فأنت لست ناجحاً. لا يكفي مجرد التفكير في النجاح أو خلق الأفكار، بل ينبغي إثباتها عملياً. الاعتقاد بأنك فاضل لا يجعلك فاضلاً. وبالمثل فإن التفكير في النجاح لا يجعلك ناجحاً. قد تقول، "أنا شخص روحاني رائع"، ولكنك تكون روحانياً فقط إذا تصرفت بطريقة روحية. كل عمل يبدأ في الفكر، والفكر هو فعل على مستوى الوعي. ولكي تتجسد الأفكار يجب أن تكون مشحونة بإرادة حيوية من خلال التركيز والمثابرة لإيقاظ قوة العقل التي لا تقهر.

لهذا، إن فكرت بأن العظمة هي خطوة أولى، عليك أن تشحن تلك الفكرة بالإرادة وأن تقوم بتفعيل قوانين العمل ذات الصلة.

"الحكماء الذين سعوا لتحقيق الخلاص، أدركوا هذه الحقيقة منذ غابر الأزمان، وقاموا بالأعمال الواجبة. لذلك، تصرف على النحو الواجب، كما فعل القدماء في العصور الماضية"*.

التغلب على العوائق من حولك وفي داخلك

في عالم النسبية هذا ـــ عالم النور والظلام، الخير والشر ـــ لا بد أن تقابل أعداءً عندما تحاول التوسع والامتداد. وهذا ينطبق على كل المساعي والجهود: ففي اللحظة التي تحاول فيها إنجاز أي شيء، توجد مقاومة. حالما تحاول النبتة الخروج من بذرتها، توجد أولاً مقاومة من الأرض، ثم تلاحقها الحشرات، ومن ثم عليها أن تكافح الأعشاب الضارة التي تنافسها على غذائها ومائها.

النبتة تحتاج للمساعدة من البستاني. ونفس الشيء ينطبق على البشر. إذا لم تكن لديك القوة اللازمة، بسبب الظروف المعاكسة أو نقاط الضعف الداخلية، لجعل شجرة حياتك تمد فروع النجاح فأنت بحاجة إلى معونة معلم أو مرشد روحي يمكنه مساعدتك في تنمية قوتك العقلية. يعلمك المعلم طريقة التأمل، واستئصال أعشاب العادات الضارة والكارما السيئة التي تحاول الاستئثار بأرض حياتك وخنق نباتاتها الطيبة. يجب أن تقاوم هؤلاء الأعداء وأن تستمر في المحاولة. بدون كفاح لا يمكنك

* God Talks With Arjuna: The Bhagavad Gita IV:15.

تحقيق أي شيء. لكن ينبغي ألا تتعمّد إيذاء أي شخص بوسائل وتكتيكات فظة وقاسية من أجل تحقيق ما تريده. بل يجب استخدام القوى الروحية للعقل والإرادة للتغلب على القوى والظروف المعوقة من حولك والقيود الذاتية التي تكبّلك من داخلك. عندها يمكنك أن تكون ما تريد أن تكون، وتحقق ما تريد تحقيقه.

تذكر، لديك القدرة على أن تكون قوياً. خلف وعيك مباشرة توجد قوة الله المطلقة. لكن بدلاً من استخدام تلك القوة الإلهية، قمت ببناء جدار صلب بينك وبين قوته. فتركيزك موجّه دائماً نحو الخارج ومنحصر في الجسم المادي والعالم، بدلاً من التركيز على الحضور الإلهي في داخلك.* لهذا السبب تعتقد أن لديك محدوديات.

تعزيز قوة العقل التي تنتج النجاح

إذاً ما هو طريق التوسع، والطريق إلى التقدم والازدهار؟ إنه النظر إلى داخلك، لتحرير قواك الداخلية. كل واحد منكم يمكنه فعل ذلك.

ابدأ اليوم. العقل هو العنصر الرئيسي. إنه أداة الله التي بها خلق كل شيء. هو الأكثر مرونة؛ وسيخلق وفقاً لأي نمط فكري. العقل يصنع الصحة، والروحانية، والمرض، والجهل.

* "فإنكم أنتم هيكل الله الحي، كما قال الله: «سأسكن فيهم وأسير بينهم، وَأكون لهم إلهاً، وهم يكونون لي شعباً." (كورنثوس الثانية ٦:١٦).

هل المرض غير فكرة المرض؟ وهل الجهل غير فكرة الجهل؟ وهل الفشل غير فكرة الفشل؟ لقد درستُ جميع مناحي الحياة، وأرى أن الذين لم ينجحوا هم أولئك الذين لم يعملوا على تنمية قوة العقل.

إن أية محاولة لتحقيق النجاح في أي مسعى جدير بالاهتمام تعني زيادة في قوة عقلك. ومع تنمية قوتك العقلية، تنمو مغناطيسيتك، التي هي قوة جذابة تتولد في داخلك وتستقطب لك الظروف والأشخاص الذين يعززون النجاح. العلاقات المفيدة مهمة بالنسبة لك. فأنت لا تريد مزايا النجاح بدون أصدقاء (سواء كانوا أحباء من أفراد عائلتك أو من معارفك الداعمين لك) الذين سيقدّرونك ويساعدونك، ويمكنك مشاركة سعادتك معهم.

إن قوة عقلك ذات الجودة العالية ومغناطيسيتك الراقية ستجذبان لك هؤلاء الأصدقاء الذين يساهمون في جعل حياتك هادفة وذات معنى. قم بدورك في تكوين صداقات دائمة من خلال كونك صديقاً صادقاً. حاول تحسين شخصيتك. لقد جعلك الله كائناً فريداً. لا يوجد أحد لديه أي شيء تماماً مثل ما لديك. لديك وجه وعقل لا يمتلكهما أحد غيرك. يجب أن تفتخر بنفسك وألا تغرق في مشاعر الحسد والشفقة على الذات. كن مستقيماً، كن شجاعاً، كن صادقاً، كن لطيفاً، كن مشفقاً عطوفاً، ومتفهماً، مهتماً بالآخرين دون أن تكون فضولياً متدخلاً في شؤون الغير. الاهتزازات الصامتة لقوة عقلك وجاذبيتك ستخبر الآخرين عن مناقبك الحميدة وخصالك الطيبة.

اخرج من بوتقة محدودياتك

إنك تميل للتفكير، "هذا ما أنا عليه، ولا يمكنني أن أكون مختلفاً". إن صدّقت ذلك تحكم على نفسك بالبقاء هكذا كما أنت!
إذا كنت تفكر، "هذا ما لديّ من قدرة، ولا يمكنني فعل المزيد"، فمن المؤكد أنك ستبقى حيث أنت. تنسى أنك في شبابك كنت مليئاً بالطموح، ومقتنعاً كل الاقتناع أن باستطاعتك "قهر العالم". لكن تدريجياً ضيّق العالم عليك الخناق وأصبحت أسيراً في يد الأعداء المتمثلين في التشاؤم والقصور الذاتي والرفض والتصورات المسبقة التي حاصرتك وقيّدت قدراتك على الانجاز. لا تبقَ في تلك البوتقة لبقية حياتك.

بالنسبة لأمة صغيرة محاطة بالأعداء، من الصعب تحقيق الاستقلال أو توسيع أراضيها لأن الحواجز خارجية. في تحقيق الاستقلال العقلي والروحي، لا يتعلق الأمر بعوائق خارجية. الحاجز المعيق هو نفسك والعادات السيئة التي خلقتها. إنك تركز على محدودياتك وحواجزك الذهنية التي قمت بوضعها بنفسك.

لقد أصدرتَ حكماً بالسجن على نفسك مما حال دون تطورك. ولكن مهما كانت الحواجز التي وضعتها أمامك ومن حولك يمكنك إزالتها وتدميرها، بشرط أن تقوم بذلك بالطريقة الصحيحة.

إن وعي الشخص العادي يشبه بيتاً صغيراً، وهذا البيت الصغير هو مملكته. ربما ينظر إلى أبعد من ذلك بقليل، لكنه لا يرغب في التوسع. وبعض الناس محتجزون عقلياً وروحياً في

غرفة صغيرة، وتطلعاتهم محصورة ضمن نطاق من القناعات العقائدية الاعتيادية. هؤلاء "الموتى السائرون" يفتقرون إلى الإيمان بأي إمكانية لارتياد آفاق جديدة.

هل تعلم أن كل واحد منكم هو عملاق روحي محتمل، ونظير مضاد لجنكيز خان القوي، الذي كان أحد أنجح الغزاة في التاريخ؟ بالطبع، الغزو الأرضي لا يستحق الثناء إذا ترك في أعقابه معاناة وإراقة دماء.

قد يقهر المرء أقاليم دنيوية ويسيطر على مملكة غنية، ومع ذلك يظل عبداً للبؤس والمخاوف. النصر الحقيقي يعني أن تقهر نفسك ـــــ وتفتح وعيك المحدود وتوسّع قواك الروحية بدون أي قيود. يمكنك أن تمضي إلى أبعد ما تريد، وأن تتجاوز جميع القيود، وأن تعيش حياة منتصرة انتصاراً باهراً.

اخرج من زنزانة الجهل العقلي التي حصرَتك في داخلها. فكر بطريقة مختلفة. وارفض أن تكون مقيّداً بأفكار الضعف أو العمر. من قال لك إنك كبير في السن؟ لست عجوزاً. أنت الروح، وأنت شاب على الدوام. دع وعيك يتشرب هذه الفكرة: "أنا الروح، أنا انعكاس للروح الإلهي دائم الشباب. إنني أنبض بالشباب، والطموح، والقدرة على النجاح". يمكن لأفكارك أن تقيّدك أو يمكنها أن تحررك. أنت ألد عدو لنفسك، وأنت أفضل صديق لها. لديك كل القوة لتحقيق ما تريد، فيما إذا قمت بتحفيز نفسك والتخلص من العقد والالتواءات العقلية التي تعيق تدفق قناعتك وإيمانك الراسخ.

الترياق المضاد لـ "وعي اللا أستطيع"

لقد رأيتُ أشخاصاً قرروا تحقيق شيء ما، على الرغم من اعتلال صحتهم. كان جسدهم المريض يحاول دائماً تشتيت انتباههم، لكنهم تغلبوا على ذلك العائق المادي واستمروا في العمل بهمة دون رادع، محققين هدفهم من خلال قوة العقل المطلقة. ورأيت آخرين يتمتعون بصحة رائعة، لكن أدمغتهم كانت صغيرة للغاية. وبغض النظر عن الطريقة التي تحاول بها إقناعهم، يقولون، "لا يمكنني فعل ذلك". هناك حاجز عقلي يعيقهم ويجعلهم يشعرون بعدم الكفاءة. وبعض الناس يتمتعون بالصحة والذكاء، لكنهم لا ينجحون لأن لديهم حواجز روحية من العادات السيئة. سواء كانت أسباب الفشل جسدية أو عقلية أو روحية، فإنه يبدأ عندما يؤكد الشخص لنفسه "لا أستطيع فعل ذلك".

تلك هي قوة العقل وقوة الكلمات الاهتزازية. عندما تقول لنفسك، "لا أستطيع أن أفعل ذلك،" لا يمكن لأي شخص آخر في العالم كله تغيير قرارك. يجب أن تدمّر ذلك العدو: "اللا أستطيع" الذي يشل قواك.

يوجد ترياق مضاد لـ "وعي اللا أستطيع ": إنه التأكيد على "أستطيع!" ابتكر هذا الترياق بعقلك واستخدمه بإرادتك.

ويجب أيضاً التغلب على العائق المصاحب: "يمكنني فعل ذلك، لكنني لن أفعله." كثير من الناس لديهم هذه العقلية، لأنه من الأسهل بكثير الجلوس وعدم القيام بأي شيء. إن أسوأ

خطيئة ضد تقدمك ونجاحك هي أن تكون كسولاً عقلياً. أحياناً يكون الكسل الجسدي معذوراً لأنك عملت بجد ويريد الجسد أن يستريح. لكن الكسل العقلي لا يُغتفر إطلاقاً. إنه يجعل عقلك متحجراً. إذا تخلصت من الكسل، وصممت على فعل ما يتوجب عليك فعله، سيتحقق النجاح بكل تأكيد.

تخلّص من كل الأفكار السلبية. وتغلّب على فكرة عدم قدرتك على فعل شيء ما من خلال البدء في القيام بذلك الشيء. ثم استمر في القيام به دون توقف. ستحاول الظروف أن توقف جهودك، وتجعلك تشعر بالإحباط كي تقول مرة أخرى، "لا يمكنني فعل ذلك". إذا كان هناك من شيطان، فهذا الشيطان هو "لا أستطيع أن أفعل ذلك". هذا هو الشيطان الذي أوقف دينامو قوتك الأبدية. وهذا هو السبب الرئيسي في عدم إحرازك النجاح في الحياة. أطرد هذا الشيطان من وعيك بقناعتك التي لا تُقهر: "أستطيع أن أفعل ذلك." يجب أن تعني ذلك وتؤكده بقدر ما تستطيع. دع عقلك يصدّق هذا الاعتقاد، وقم بتفعيله بوضعه قيد التنفيذ بقوة الإرادة. اعمل! وأثناء عملك، لا تتخلَ أبداً عن فكرة "يمكنني القيام بذلك". حتى لو كان هناك ألف عقبة، لا تلِن ولا ترجع في قرارك. إن امتلكت هذا القرار، فإن ما تسعى لتحقيقه سيتحقق حتماً. وعندما يتم ذلك ستقول: "حقاً كان الأمر سهلاً للغاية!"

لذلك لماذا تستسلم للقصور الذاتي وتعيش تحت طبقة من الجهل؟ أليس من الأفضل أن ينفجر مقذوف "اللا أستطيع" في الفضاء الحر لـ "أستطيع"؟ وستعرف عندها أن العقل كلي

القوة؛ إذ أي شيء يمكن أن يتصوره عقلك يمكن أن يتحقق. لا يوجد عائق سوى وعيك بـ "اللا أستطيع". أرأيت كم هي رائعة طريقة التوسع التي أبيّنها لك؟ إن الكلمات "أستطيع، ويجب أن، وسأفعل" ـــ هي الطريقة لتغيير نفسك وتحقيق نصراً مطلق.

لقد أعطاك الله ديناميتاً عقلياً

لن تفوز أبداً ما لم تبذل المجهود. لقد أعطاك الله ديناميتاً عقلياً كافياً لنسف كل الصعوبات التي تواجهك. تذكّر ذلك. إنه القوة الأكثر فاعلية التي يمكنك استخدامها للانتصار في الحياة والتحرر من نقاط الضعف والعادات المحدودة التي تحول دون توسيع وعيك لإنجاز كل ما تريده.

هل ستبقى سائراً كالأموات، جاهزاً لأن تُدفن تحت ركام أخطائك؟ لا! قم بإنجاز شيء في هذا العالم ـــ افعل شيئاً رائعاً! ومهما يكن الشيء الذي تنجزه سيعترف به الله. وحتى إذا لم يعترف بك العالم، إذا كنت قد فعلت كل ما في وسعك، فإن هذه القوة العقلية المغروسة ستبقى مع روحك على الدوام. وأينما ذهبت ـــ في هذه الحياة أو ما بعدها ـــ سترافقك تلك الروح التي لا تقهر. كما نصح السيد كريشنا الأمير المحارب أرجونا:

"يا حارق الأعداء [الباطنيين]، دعك من هذا التخاذل وضعف القلب وانهض!"*

* God Talks With Arjuna: The Bhagavad Gita II:3.

لقد استخدمتُ قوة العقل هذه طوال حياتي، ووجدت أنها تعمل. وأنت أيضاً يتعين عليك، عندما يواجهك اعتلال الصحة والفشل، أن تتأمل بعمق وتأكّد عقلياً: "أيها الآب القدير، أنا ابنك. سأستخدم قواي الإلهية الموروثة وإرادتي لتحطيم أسباب الفشل".

احشد تلك القوى العقلية ليلاً، عندما تنحسر مشتتات العالم ويكون ذهنك شديد التركيز ومشحوناً بطاقة التأمل والصلاة والتواصل مع الله.

ماذا اقول لك أكثر من ذلك؟ هذه الأفكار عملية وذات فعالية. وإذا قررت استخدامها، وقمت بتطبيقها، ستجد أنها تعمل. يمكنك هدم الصعوبات التي تواجهك. ويمكنك هدم أسوار الجهل التي أحاطت بك على مدى تجسدات. وبصفتك ابناً خالداً لله، ستعرف أن الموت لا يمكن أن يقضي عليك، ولا يمكن للولادة في هذا القفص الجسدي أن تكبت وتكبح كلياً القوة الكامنة بداخلك.* بالنفس يجب أن تفتدي النفس، وبغض النظر عن مكان وجودك، فأنت تمتلك القوى الإلهية التي لا تقاوَم ولديك الإرادة للتغلب على كل عقبة تعترض طريقك، وتلك القوى والإرادة هي رهن إشارتك!

---

* "ما من سلاح يستطيع أن يخترق النفس. لا يمكن للنار أن تحرقها. ولا يمكن للماء أن يبللها؛ ولا للريح أن تجففها. لأن النفس غير قابلة للاختراق، وغير قابلة للاحتراق أو التبليل أو التجفيف. النفس ثابتة لا تتغير، تتخلل كل شيء، إنها هادئة، وراسخة — وهي كذلك إلى الأبد" (God Talks With Arjuna: The Bhagavad Gita) (II: 23–24).

الإنجازات المادية لا تشكّل نجاحاً حقيقياً

اسأل نفسك عن الغرض من حياتك. لقد خُلقت على صورة الله، وتلك هي نفسك الحقيقية. إن إدراك صورة الله في داخلك هو ذروة النجاح — فرح غير محدود، تحقيق لكل رغبة، التغلب على كل صعوبات الجسد وهجمات العالم.

حياة الإنسان هي مواجهة مستمرة مع المشاكل. كل شخص لديه مشكلة مختلفة يتعين عليه مواجهتها: هناك ١٥٠٠ مليون شخص، و١٥٠٠مليون مشكلة مختلفة يجب التعامل معها كل يوم. البعض يعاني من مشاكل في القلب والبعض من نزلات البرد. البعض لديه الكثير من المال والبعض لا يملك شيئاً. البعض يعاني من الغضب والبعض فاتر وعديم الاكتراث. ولكن من يمتلك السعادة؟

المقياس الحقيقي للنجاح هو السعادة: مهما كان وضعك في الحياة، هل أنت سعيد؟

الفكرة الشائعة عن النجاح تعني امتلاك الثروة والأصدقاء والمقتنيات الجميلة — ما يسمى بـ "الحياة الجيدة." لكن الإنجازات المادية لا تشكّل بالضرورة نجاحاً حقيقياً، لأن الأشياء والظروف خاضعة للتغيير. اليوم قد يكون عندك، غداً قد لا يكون عندك. لذلك لا تفكر أنك بمجرد أن تصبح مليونيراً يمكنك اعتبار نفسك ناجحاً.

قد تعمل بجد لتحقيق النجاح في العمل، ولكن قبل أن تدرك ذلك، تصبح حياتك غير متوازنة، ولا تترك لك حرية

الاستمتاع بالأشياء التي تريد القيام بها، وتسبب لك الكثير من القلق والعصبية بحيث تنهار صحتك. وفجأة تجد أن كل نجاحك لا يعني شيئاً وتشعر أنك قد أهدرت حياتك. أو من خلال الجهود المتسقة، يمكنك بناء جسم سليم، ومع ذلك تجد نفسك فقيراً جداً لدرجة أنك لا تستطيع تلبية احتياجاته.

بل قد تمتلك الصحة والمال، لكنك تبقى مع ذلك تشعر بأن الرضا الداخلي لا يزال بعيداً عنك. إن تحقيق رغبات الجسد ومتطلبات الأنا فقط لن يرضي الروح أبداً. قد يكون لديك كل شيء، ومع ذلك تجد أنه في النهاية أن ما لديك لا يعني شيئاً على الإطلاق، لأنك تفتقر للسعادة. ما لم تكن هناك سعادة في القلب، فلن تحقق النجاح.

ومع ذلك، قلة قليلة من الناس يمكن أن يكونوا سعداء دون أن يمتلكوا على الأقل قدراً كافياً من المال والصحة. يجب أن يكون لدى معظم الأشخاص شيئاً يسعدون به لأن سعادتهم تتوقف على الظروف الخارجية ولأن العقل لم يتم تدريبه كي يكون سعيداً من الداخل دون قيد أو شرط. تعتقد أنك ستسعد إذا تمكنت فقط من الحصول على كل الأشياء التي تشعر أنك بحاجة إليها لتكون سعيداً. لكن الرغبة تولد رغبات. والرضا لن يأتي أبداً إذا واصلت مضاعفة رغباتك.

قبل أن تشتري شيئاً ما، تعتقد أنه لا يمكنك الاستغناء عنه؛ ولكن بمجرد أن تحصل عليه لا تفكر فيه كثيراً وتبدأ في التفكير بالحصول على شيء أفضل. بغض النظر عن عدد المرات التي تختبر فيها هذه الحالة، عندما يتملكك دافع

قوي لشراء شيء جديد، تشعر مرة أخرى أنك يجب أن تحصل عليه وأنك لن تكون سعيداً حتى تفعل ذلك. يكمن النجاح في تعلّم فن الرضا الداخلي: احصل على ما تحتاجه، ثم ارضَ بما لديك.

لا تدع الإغراء بالعيش فوق إمكانياتك أن يستعبدك

بعض الناس يشترون مدفوعين بعادة وهوس شراء أشياء لا يحتاجون إليها. إنهم يبددون أموالهم. عوّد نفسك على التسوق بعناية والشراء بحكمة. إذا كان لديك بعض المال الإضافي، ادّخره. لا تلقِ بالاً للمعلنين الشرهين الذين لا يكفّون عن إغرائك بدفع ما تكسبه مقابل بعض أدوات جديدة يحاولون إقناعك بأنها "ضرورية" أو استثمار بأنه "مضمون".

لكني أجد أن معظم الأشخاص الذين يُعتبرون ناجحين هنا هم بائسون بالرغم من ثروتهم مثلهم مثل أولئك الأقل حظاً في الهند ممن لا ثروة لهم.

الحياة الغربية مليئة بالتعقيدات. ليس لديك وقت للاستمتاع بأي شيء. ولكن إذا قمت بفحص حياتك، ستجد أن هناك العديد من الطرق التي يمكنك من خلالها تبسيطها دون الشعور بالحرمان. اعلم أنه من الحماقة الرغبة في المزيد والمزيد من الكماليات المشتراة بالتقسيط. ادخر لما تحتاجه وادفع على الفور مقابل تلك الاحتياجات — مستغنياً عن خطط التقسيط ذات الفائدة العالية التي تسبب لك القلق. بالطبع، هناك قيمة في الشراء من الآخرين الذين يتوجب عليهم بيع سلعهم لكسب لقمة العيش. لكن لا تكن

مستعبَداً لإغراء العيش بما يتجاوز إمكانياتك، لأنك إن فعلت ستجد نفسك "على الأرض يا حكم" عندما تتعسر أمورك وتكون في وضع حرج.

ادخر بعض المال من كل راتب. العيش بدون مال هو ضعف ينذر بكارثة.

من الأفضل أن يكون لديك سيارة ومنزل أصغر وبعض المدخرات في البنك لحالات الطوارئ التي لا بد أن تأتي. إنه لخطأ كبير أن تنفق كل ما تحصل عليه لمجرد الحصول على شيء جديد أو فاخر. أعتقد أنه يجب أن يكون لكل من الأزواج والزوجات بشكل مستقل بعض المال في البنك، بالإضافة إلى مدخرات مشتركة، يمكنهم الاعتماد عليها عند ظهور حاجة غير متوقعة.

الادخار فن ويتطلب تضحية. ولكن إذا اشتريت بشكل مقتصد وعشت ببساطة، فستتمكن من توفير بعض المال كل أسبوع أو كل شهر. أرى الكثير من العمال الذين ينفقون على أشياء غير ضرورية، وبالتالي فهم دائماً مدينون. أتذكر زوجين كان لهما منزل جميل في فلوريدا. كلما رأوا شيئاً أعجبهم قاموا بشرائه على الفور بموجب خطة التقسيط. ولكن جاء الوقت الذي أصبح ذلك المنزل مصدر رعب لهما. قلت لهما: "هذه الأشياء ليست لكما. وأنتما لا تملكانها. لأنكما في الحقيقة قمتما باستدانتها وتسددان ثمنها بالتقسيط.

لماذا تخشيان أن تفقدانها لماذا لا تعيشان بشكل أكثر بساطة بدون هذا القلق المستمر الذي يدمر كل سلامكما وبهجتكما؟"

وبسبب الديون المتراكمة عليهما فقدا كل شيء في النهاية. وكان عليهما العودة إلى الحياة البسيطة والبدء من جديد.

بالإمكان الاستمتاع بشكل غير مباشر بالعديد من الأشياء الجيدة والجميلة في الحياة بدون الاكتئاب العصبي الرهيب الناجم عن القلق بشأن كيفية الدفع مقابل امتلاكها. ويمكن إشباع الكثير من الرغبات بهذه الطريقة.

حلل رغباتك قبل القيام بتحقيقها

الرغبة الجديرة بالاعتبار هي كالحصان الإلهي، الذي بدلاً من أن يأخذك إلى وادي الظلام، ينطلق بك نحو ملكوت الله. حلل كل رغبة لمعرفة ما إذا كانت ستساهم في منفعتك وتقدمك الروحي. كل ما يبعدك عن العبودية المادية ويأخذك إلى مملكة السعادة الحقيقية هو النوع الصحيح من الرغبات.

وكل دافع ينبت زهوراً من المزايا الإلهية والفهم الروحي هو دافع طيب ونبيل. إذا سبب أحدهم لك الأذى وسامحته فأنت تقود نفسك إلى ملكوت الله. وإذا كان أحدهم محباً للخصام ومنحته فهماً، فأنت تأخذ نفسك إلى ملكوت الله. وإذا كان أحدهم يعاني وتعاطفت معه وقدمت له المساعدة، فأنت تقترب من الحضرة الإلهية.

يعتمد النجاح الحقيقي على تحقيق الرغبة الصحيحة ـــ وليس عندما تنوي التكسب على حساب الآخرين دون مراعاة لمصالحهم. الثروات التي تتحقق بوسائل بغيضة قد تبدو ظاهرياً

أنها نجاح؛ ولكن داخلياً لن تكون روحك مطمئنة. ضميرك كالحذاء: عندما لا يكون مطابقاً، قد يبدو جميلاً من الخارج، لكن بغض النظر عن مدى حرصك للمشي بطريقة صحيحة، فأنت تعرف بالضبط أين يقرص هذا الحذاء. الشخص الصالح أمام ضميره هو أيضاً صالح أمام الله.

لا تقف مداناً أمام ضميرك. إذا كان ضميرك مرتاحاً يمكنك الوقوف ضد رأي العالم. مهما كان الظلام كثيفاً من حولك، عليك أن تخترق الظلام. يسعى الأشخاص الطموحون مادياً إلى تحقيق رغبتهم الجامحة في النجاح ولا يهتمون إذا حققوا ذلك النجاح بوسائل خاطئة. وبغض النظر عما يمكن أن يحققوه، فهم في الحقيقة غير ناجحين، لأنهم ليسوا سعداء أبداً. إن أردت أن تنجح، فانجح بطريقة مشرفة.

النجاح الحقيقي يحقق تلك الأشياء الطيبة ويلبي تلك الرغبات السليمة والمفيدة لرفاهية الفرد ــــ المادية والعقلية والروحية. بمجرد أن تشعر بتحريض داخلي، اسأل نفسك عما إذا كانت تلك الرغبة سليمة أم لا. اعرف الفرق بين الدوافع الطيبة بالنسبة لك وتلك التي ليست كذلك. استخدم العقل والتمييز عند السعي لتحقيق النجاح وتأكد من أن رغباتك سليمة.

الشخص الناجح يتميز بضبط النفس

لا بأس من المتع غير الضارة. لكن المتع التي تضر بعقلك وجسدك هي رديئة ومؤذية. كل ما يستحوذ عليك ليس جيداً. إن قوة تحقيق رفاهيتنا وسعادتنا الدائمة تكمن في ضبط النفس، في القدرة على فعل ما يجب علينا فعله عندما يتعين علينا القيام به، وفي الابتعاد كلياً عما لا ينبغي علينا فعله. الشخص الناجح يتميز بضبط النفس، وهو غير مقيد بالأهواء والعادات. أن تمتلك سيادة ذاتية كاملة يعني أن تأكل متى وماذا يجب أن تأكل، وألا تأكل عندما لا ينبغي أن تأكل. وعندما تريد الاختلاط بالناس تختلط بهم بكل إخلاص، وعندما تحتاج إلى وقت لتكون بمفردك لا تختلط بالآخرين. إذا كنت تستخدم وقتك بحكمة في أنشطة جديرة بالاهتمام، فستكون أنت وحياتك، بصفتها امتداداً لنفسك، جديرين بالاحترام. الدنيويون يريدون أن يتطفلوا على وقتك وأن يجذبوك إلى مستواهم. فلماذا تقبل بالأمور عديمة الجدوى؟

استغل وقتك في التأمل الداخلي من أجل تطوير الذات، وفي التفكير الإبداعي والتأمل العميق، وستمتلك قوة كبيرة على نفسك.

إذا استمر الناس في إزعاجك خلال أوقاتك الهادئة، أو إذا كنت بحاجة إلى فترة راحة من عدم التوافق في البيت، فاذهب إلى مكان هادئ وابق وحيداً لفترة من الوقت، مستمعاً إلى أصوات الطبيعة الهادئة وصوت الله في داخلك. كل السعادة التي تبحث عنها تكمن في داخلك، في صورة الله داخل نفسك. لماذا تقبل

بالتقليد المزيف للسعادة من خلال المشروبات والأفلام والمتع الحسية؟ تلك هي طريقة العالم. السعادة الحقيقية لا تحتاج إلى دعامات على غرار قول فلسفي لشاعر حكيم: "لا أملك شيئاً، ومع ذلك أملك كل شيء."

ابقَ منتصراً في الروح خلال كل التجارب والتحديات

يمكنك أن تتعلم كيف تكون سعيداً بالإرادة وأن تحتفظ بتلك السعادة في داخلك، بغض النظر عما يحدث.

بعض الناس تسحقهم اختباراتهم بشكل كامل، في حين يبتسم غيرهم على الرغم من الصعوبات التي يواجهونها. أولئك الذين لا يُقهرون بالروح هم الناجحون حقاً في الحياة. إذا استطعت تدريب عقلك أو تكييفه بحيث تشعر بالرضا بغض النظر عما تملكه أو لا تملكه، وإذا استطعت مواجهة التحدي المتمثل في كل تجاربك وامتحاناتك مع الاحتفاظ بهدوئك ــــ فتلك هي السعادة الحقيقية. افترض أنك تعاني من مرض رهيب، فإنك تتخلص منه بفرح أثناء النوم. صمم على امتلاك ذلك التسامي العقلي في جميع الأوقات، وقرر على أن تكون سعيداً مهما كلف الأمر. لقد حقق السيد المسيح نجاحاً كبيراً في السيطرة على عقله لدرجة أنه استطاع أن يتحمل الصلب عن طيب خاطر بل ويقيم جسده بعد الموت. هذا كان دليلاً على النجاح الفائق. وفرحه غير المشروط بالله هو نوع النجاح الذي سيحققه كل واحد في النهاية. ذلك النجاح يكمن في امتلاك نفسك؛ عندما تكون أنت، الروح، قادراً

على أن تكون سيد حياتك.

قل لعقلك "أنا السيد. أنا سعيد الآن ولا حاجة لأن أنتظر للغد لاستيفاء جميع شروط السعادة." إن استطعت أن تطلب من نفسك كي تكون سعيداً حسبما تشاء، فسيكون الله معك، لأنه منبع كل سواقي الفرح. إنك لا تعرف قوة العقل. إذا كنت سعيداً، فسعادتك تخلق سلوكاً إيجابياً اهتزازياً يمكن أن يجذب لك كل ما تبحث عنه ــــ من صحة ومال وأصدقاء. وعلى العكس من ذلك، عندما لا تكون سعيداً، ويكون موقفك سلبياً، تكون إرادتك مشلولة. يعتمد النجاح في أي شيء على القدرة على جذب ما تحتاجه بإرادة قوية وإيجابية وسعيدة. حلل ما إذا كنت قد حققت نجاحاً بنفسك. إذا كنت معتاداً على الاكتئاب، فذلك لأنك لم تنجح في حياتك. الأشياء التي طالما رغبت فيها لسنوات منذ الطفولة لم تتحقق، وعقلك الكئيب قد تبنى موقف "ليس في الإمكان أفضل مما كان." قم بإنعاش أهدافك الجديرة بالاهتمام بها بإرادة نشطة.

النجاح يعني امتلاك القدرة الإبداعية
لتحقيق ما تحتاجه

لا يقاس النجاح بمقدار الثروة المادية التي تمتلكها، ولكن بما إذا كنت قادراً على خلق ما تحتاجه متى شئت. فكر في تلك القوة. إنها تأتي من العقل السامي، من قدرة الروح غير المحدودة. إذا كنت تستخدم هذه القوة لإيقاظ وتفعيل قدرتك الإبداعية، يمكنك التغلب على أي صعوبة تعيق طريقك.

لنفترض أنك بحاجة إلى سيارة ولديك القدرة على الحصول عليها (بالطرق الصحيحة) ــــ فهذا نجاح. وافترض أنك بحاجة إلى منزل ولديك القدرة على شرائه ــــ فأنت ناجح. وافترض أنك تريد أن يكون لديك الرفيق المناسب لمشاركة حياتك، وتدعو الله أن يرشدك وأن تقابل ذلك الشخص ــــ فهذا نجاح. ولكن كيف يمكن تحقيق القوة التي تصنع هذا النوع من النجاح بقوة الإرادة؟ وكيف يمكنك التحكم في الظروف التي تعزز النجاح بدلاً من أن تتحكم تلك الظروف في مصيرك الذي صنعته بيديك وفقاً لقانون السبب والنتيجة؟

قلة قليلة في العالم امتلكوا ما يكفي من التصميم والإرادة للتحكم بمصيرهم.

ضع في اعتبارك احتياجاتك الفورية وابتهل لله دوماً أن يكون لديك القوة الخلاقة والإرادة لتلبية تلك الاحتياجات. تذكّر أن الإنسان لم يخترع شيئاً؛ إنه يكتشف فقط ما خلقه الله أصلاً في أفكاره وأظهره في عالم الأفكار السببي الذي منه تأتي إلى حيّز الوجود كل الأشياء في السماء والأرض. لذلك، فإن سر النجاح يكمن في التوافق أكثر فأكثر مع الله.

ثلاث قوى إبداعية:
العقل الواعي، والعقل الباطن، والعقل السامي

لديك ثلاث قوى عظيمة منحها لك خالقك ـــ عقلك الواعي، وعقلك الباطن، وعقلك السامي. غالباً ما تستخدم عقلك الواعي بما في ذلك ما يتلقاه من انطباعات حسية وقدرته على التفكير.

إنك لست على دراية كبيرة بالعقلين الآخرين، لذلك تظل إمكاناتهما غير متطورة إلى حد كبير.

البيئة تؤثر على الجهد الواعي. في المجتمع، يقوم شخص ما بإنشاء عمل تجاري ناجح وفجأة يرى الآخرون أن المنطقة فيها فرصة متاحة لبدء أعمال تجارية منافسة مماثلة. ونتيجة لذلك، لا بد أن يفشل البعض. يحتاج المرء إلى استخدام كل قوى التمييز العقلية التي لديه للأخذ في الحسبان الآثار المحتملة للبيئة على العمل الذي ينوي القيام به. إن القرارات الخاطئة المتسرعة ستؤدي حتماً إلى الفشل، وهي إساءة لقدرات العقل الواعي المستعدة لتقديم المساعدة.

هناك دائماً فرصة للنجاح. قم بتدريب قوتك الذهنية الواعية على مراقبة الفرص ـــ للتعرف على المنافذ الصغيرة التي تأخذك إلى حيث تريد أن تذهب وتغتنم تلك الفرص المتاحة بما يتفق مع أهدافك.

استخدم عقلك الواعي وابذل كل مجهود صادق لتحقيق النجاح. هناك قدرات كثيرة مختزنة في ذلك العقل ـــ الفهم،

التمييز، الفكر الإبداعي، قوة الإرادة، والتركيز. ابحث عن الفرص بامتلاكك قدراً أكبر من الدراية، ثم ركز على مهامك. أولاً، استكشف قدراتك ثم ابذل المجهود. أياً كان الشيء الذي ترغب في الحصول عليه، سر نحوه واعمل على تحقيقه. إن أفضل ما يساعد بذور النجاح على النمو هو الاهتمام المفعم بالحماس.

لا تسمح للمؤثرات الخاطئة بأن تجعلك تفقد اهتمامك وتضيّع فرصك. من السهل تثبيط العقل الواعي بالقيود والمحدوديات التي تفرضها البيئة وآراء الناس واقتراحاتهم. في البداية، اعتبرني أفراد أسرتي عديم الفائدة لأنني لم أسعَ للحصول على عروض العالم وتقدماته. لكني قاومت أفكارهم المهينة. وبمجرد قبولك لقيود الظروف الخارجية والمعارضين الرافضين، فإن إبداعك ورغبتك في تحقيق النجاح يصبحان مشلولين. هذا هو التحليل الذي ينطبق على كل من فشل في الحياة.

استخدام أداة
العقل الباطن

بعد ذلك، فيما يتعلق بالتحكم في المصير، يأتي استخدام أداة عقلك الباطن التي هي الطاقة العقلية وراء العقل الواعي. العقل الباطن هو عقل الذاكرة والعادات. إنه يخزن كل تجاربك ويقولب أفكارك وأفعالك على هيئة أنماط من العادات. أي شيء تفعله بانتباه ودراية واعية، يحتفظ به عقلك الباطن بصورة مخطط في

عقلك. إذا كنت تعتقد أنك فاشل، فسيتم وضع مخطط للفشل في عقلك الباطن. هذا الاستنتاج المحدد مسبقاً هو كارثي لعمليات النجاح، وهو سبب رئيسي لفشل الناس. بغض النظر عن ظروفك في الحياة، ومهما كانت نتيجة جهودك، لا يحق لك التفكير بالفشل وتخدير عقلك بهذا الاعتقاد.

كل ما تريد تحقيقه، أكّد عليه وآمن بتحقيقه، على الرغم من الأدلة المناقضة. قم بإنشاء نمط للنجاح في عقلك الباطن واجعله يعمل من أجلك. اجلس بهدوء وفكّر بعمق في هدفك، وركّز على كيفية تحقيقه. عندما تكون ساكناً، وعندما تهدأ أفكارك المضطربة التي تجعلك تظن بأنك غير قادر على الإنجاز، يمكن للقناعات الجديدة في عقلك الباطن أن تساعدك. عندما تغوص عميقاً في الفكر وتبدأ بالتفكير في مشكلة ما، فإنك تتجاوز حدود العقل الواعي ويمكنك تغذية عمليات العقل الواعي بمعلومات قيمة من الذكريات ومن الإبداع التصوري للعقل الباطن.

قوة العقل السامي
الكلي المعرفة

وراء العقل الباطن يوجد العقل السامي. إن قوة الله التي في داخلك، وقوة التحكم اللامحدودة، تكمن في العقل السامي.

لا يمكن الإيحاء لهذا العقل بالفشل، لكن أفكار الفشل يمكن أن تحجبه. العقل السامي هو وعي النفس الحدسي الذي يعرف كل شيء. ويمكن الوصول إلى هذا العقل بالتركيز العميق والاتصال

بالروح في التأمل.

ذكّر نفسك دائماً، بغض النظر عما يحدث: "لديّ القدرة على النجاح. وعلى الرغم من أن العقل الواعي مقيد ببيئتي، فقد منحني الله قوة غير محدودة في العقل السامي والعقل الباطن. وعندما أبدأ في التحكم بهما وبالعقل الواعي، سأكون قادراً على التحكم بمصيري". لا يوجد نحس في مصيرك إلا في عدم تطبيق قوى عقلك الواعي، وفي العادات السيئة المتأصلة في عقلك الباطن. يجب ألا تشعر بالإحباط أبداً، لأن شعورك بالإحباط يعني اعترافك بالفشل وتصنيف نفسك على أنك فاشل. إذا قال عقلك الواعي، "لا أستطيع أن أفعل ذلك"، فإن العقل الباطن يسجل فكرة الفشل. وكلما فكرت بطريقة سلبية، كلما قمت بإيصال فكرة الفشل هذه إلى مكتبة عقلك الباطن.

عندئذ ينتهي أمرك ___ إلا إذا بذلت الجهد الواعي للتخلص من الاقتناع المستمر بالفشل من خلال اتخاذ خطوات إيجابية للتفكير والتصرف بعزيمة واثقة.

عندما تفكر، "يمكنني أن أنجح"، فكر في ذلك بعمق بحيث تطرد أي فكرة عن الفشل. إذا حاولت لتسع مرات أن تنجح، لكنك فشلت، فلا يزال بإمكانك المحاولة للمرة العاشرة! لا تستسلم، ولا تعترف أبداً بالفشل.

التطبيق العملي للحدس

ابدأ كل مشروع بطلب العون من الله مبتهلاً: "يا رب، سأبذل قصارى جهدي، لكن ارشدني لفعل الشيء الصحيح ولتجنّب الأخطاء." ثم يجب عليك استخدام ذكائك وعقلك لتحديد كيفية تحقيق ما تريد تحقيقه.

في كل خطوة، صلِّ لله من أجل الهداية، واشعر باستجابته المطَمْئِنة من خلال الحس الداخلي الهادئ. هذا هو ما أقوم به. فبعد أن أستخدم ذكاء عقلي الواعي، أستخدم قوتي الحدسية بالإضافة إلى القوى الأخرى لعقلي الباطن وعقلي السامي، وأجد أن النور الإلهي الخلاق يأتي ليرشدني بكل ثقة ويقين.

هناك دائماً عدم يقين في الاعتماد فقط على الطرق المادية للنجاح. لكن طريقة الحدس البديهي للنجاح مختلفة. لا يمكن أبداً للإدراك الحدسي أن يخطئ. فهو يأتي من خلال إحساس داخلي، وهو شعور تعرف من خلاله مسبقاً ما إذا كنت ستنجح أم لا باتباع المسار الذي تقوم بتحديده.

قد تخبرك شهادة الحواس والعقل المنطقي بشيء ما في حين تخبرك شهادة الحدس بخلاف ذلك. يجب أن تتبع شهادة الحواس أولاً — تعلّم كل ما تستطيع عن هدفك والخطوات العملية اللازمة لتحقيقه.

وسواء كنت تستثمر أموالك، أو تبدأ عملاً تجارياً، أو تغيّر مهنتك؛ وبعد أن تقوم بالتحري والتحقيق، والمقارنة، واستخدام

ذكائك إلى أقصى حد، لا تتسرع في اتخاذ القرار. عندما يشير عقلك وتحقيقاتك إلى شيء ما، تأمل وابتهل لله. وفي السكينة الداخلية، اسأل الرب إن كان من المستحسن المضي قدماً. إذا صلّيت بعمق وجدّية ووجدت أن هناك شيئاً ما يصدّك عن عمل ما تنوي القيام به، فلا تفعل ذلك الشيء. ولكن إذا شعرت بدافع إيجابي لا يقاوَم، وصليت وتابعت الصلاة وظل ذلك الدافع قائماً، فامضِ قدماً. يجب أن تكون صلاتك من أجل الإرشاد صادقة، بحيث يكون الدافع الذي تشعر به آتياً من الله وليس لتعزيز رغبتك التي تنطوي على عيوب.

هذه هي الطريقة التي قمت بها بتطوير التطبيق العملي لحدسي. قبل البدء في أي مسعى، أجلسُ بصمت تأملي في غرفتي وأستمر في توسيع تلك القوة في عقلي.

ثم أسلّط ضوء عقلي المركز على ما أريد تحقيقه، مدركاً أن أفكاري قد عملت بنجاح. والذي أحس به في تلك الحالة سوف يتحقق.

في النهاية، نحن أقوى محطات البث والاستقبال. الحاجز الجسدي الصغير لا يعني شيئاً. أفكارنا هي قوى إبداعية قوية تتماوج في الأثير وعلى أهبة تحقيق هدفها عندما تكون مركّزة وموجهة توجيهاً واعياً. لكن معظم الأشخاص لا يعرفون كيف يجعلون أفكارهم تعمل لصالحهم. لأن عقولهم مليئة بالتشويش. التركيز والتأمل يضبطان تلك الأفكار ويركزانها على إبراز النجاح.

لكي تنتصر في الحياة

عزز نجاحك بمساعدة الآخرين
على مساعدة أنفسهم

الأجندة الأنانية تحد من النجاح. يجب أن تظهر الوعي الشامل لروحك. لا ينبغي لك أن تعمل من خلال يديّ وعقل جسدك فقط.

يمكنك أن تجعل تأثيرك محسوساً على نطاق واسع بحيث تعمل طيبتك من خلال آلاف الأيدي والأدمغة. أنت تفكر في جسدك الصغير، كيف تطعمه وتكسوه وتعطيه الراحة. وأنا أفكر في كيفية تحسين حياة آلاف الأنفس، وكيف أنجح في إعطاء الناس قوة العزيمة والحكمة اللتين هما في الأصل لهم. والرضا الذي يمنحه هذا يفوق الوصف.

النجاح الذي وجدته في مساعدة الناس لمساعدة أنفسهم هو نجاح لا يمكن لأحد تدميره. لقد كان من الممتع القيام بأشياء من أجل الله. ليس لديّ طموح لنفسي، لكن لدي طموح كبير لله، ومشاركته مع الجميع. ما لم تُضَحِّ ببعض رغباتك من أجل رفاهية الآخرين، فلن تتمكن أبداً من تحقيق نجاح حقيقي. إذا جعلت رفاهية الآخرين ضمن جهودك لتحقيق النجاح، فلديك فرصة أكبر للنجاح مما لو كنت تفكر في نفسك فقط. وعلاوة على كل شيء فكر في الله واطلب منه أن يرشدك ويهديك.

كنت سأواجه الكثير من المشاكل في بناء هذه الجماعة لو لم أتلقَ التوجيه الإلهي الداخلي، لأن كل شخص جاء إليّ أرادني أن أعمل على طريقته. ستنجح هذه المؤسسة لأنني اتبعت طريق الله. يحاول الشيطان دائماً إعاقة الأعمال الصالحة، لكن الله يبيّن

الطريق للتغلب على كل الشرور.

النجاح النهائي:
يعني أن تكون مع الله على الدوام

هدفنا في الحياة هو معرفة معنى هذا الكون. إنه مجرد حلم إلهي، تماماً مثل فيلم سينمائي، يبرز دراما أو كوميديا رائعة ثم ينتهي ويُنسى. وهكذا هي الحياة. تبدو حقيقية ودائمة جداً، لكنها ستنتهي قريباً. وستنتهي كل مشاكلك وصراعاتك عندما تغادر هذا العالم إلى عالم أفضل في الحياة الآخرة. لذلك لا تأخذ هذه الحياة على محمل الجد. انظر إلى ما وراء هذه الدراما إلى سيد هذا الكون، مؤلف مسرحية الأحلام هذه.

يقول الكثير من الناس: "لن أتمكن أبداً من معرفة الله." وهذه أصعب فكرة يمكن التخلص منها. لكن عندما تصلي وتصلي ولا تهتم بعدد المرات التي لا يستجيب فيها الله، وإذا واصلت الصلاة واحتفظت بمحبتك له، عندها فقط ستنجح. حتى دهور من البحث عن الله لا يمكن مقارنتها بالأبدية معه. عندما تطلب باستمرار ومن أعماق قلبك التعرف على الله، ستحصل بالتأكيد على استجابته.

لا تضع وقتك. الطريق إلى النجاح الحقيقي هو أن تكون مع الله طوال الوقت. اطلبه أولاً. لا تبقَ راكداً. الكسل ليس سعادة. كن معه في الليل. وعندما تستيقظ في الصباح كن مستعداً للكفاح في العالم، مدركاً أن الله بجانبك. وإذ تمتلك الإيمان بقدرتك

على النجاح، قل: "تعالَ أيها العالم. فأنا مستعد!" سوف تتحكم في مصيرك. وسوف تتكسر وتتساقط قيودك المكبلة الواحد تلو الآخر.

وستعرف أنك لم تعد شارداً وتائهاً على الأرض، بل أنك استعدت ميراثك كابن لله.

السبب الوحيد لوجودي هنا معكم هو إعلان ما أعطاه لي الله. عندما وجدتُ القوة العليا، وجدت أن عطش كل رغباتي قد ارتوى إلى الأبد. لا تتأخر. اتبع هذه التعاليم، حتى تشعر بالأشياء الرائعة التي شعرت بها في هذا الطريق. لم يمنحني الله الانسجام التام في الجسد والعقل فحسب، بل منحني أيضاً الرضا والسعادة التي لا توصف وأيضاً هدايته الدائمة. ستشعر بحضوره في مداعبة النسيم. وسترى فرحه الغامر والمتجدد في المحيط. وسيغمرك بالدفء في ضوء الشمس. سينظر إليك من السماء المترامية. والأجرام السماوية من نجوم وقمر وشمس ستكون نوافذ لمعاينة حضوره. ومن كل مكان سترى عينيه الوديعتين تنظران إليك بمحبة وود.

كل صباح عندما تبدأ يومك، لا تفكر فقط في خدمة وترفيه ذاتك، ولكن في عدد الأشخاص الآخرين الذين يمكنك مساعدتهم.

لو كان الجميع مهتماً بالحقيقة بقدر ما أنا مهتم بها، لكانت قوتنا عظيمة ولتمكنا من إبعاد الجهل عن العالم. كل ما تفعله لمساعدة الآخرين على غرار هذا الطريق الروحي سوف يتذكره الآب.

اشعر بقوة الروح التي تسري
في كيانك ومن خلالك

الآن، أغمض عينيك واحصر تركيزك في الداخل. أشعر بسلام كبير في داخلك. اشعر بالسلام من حولك. واشعر بقوة الروح الإلهي متدفقة عبر بوابات عقلك الهادئ، واشعر بوهج سلام الآب في باطنك. إنه محتجب في كل فكرة، وفي كل خلية، في كل شيء بداخلك. اشعر به والمس حضوره.

دعنا نصلي: أيها الآب السماوي، لم أعد محاصراً بحواجز (لا أقدر.) لأن قوة (أقدر) التي هي قوتك الجبارة موجودة في داخلي وقادرة على قصف ونسف كل العوائق والعراقيل التي تعترضني.

"يا رب، باركني كي أطوّر هذه القوة، حتى أتمكن من تدمير كل حواجزي وأوسّع مساحة وعيي إلى ما وراء حدود وجودي الأرضي إلى أن أتغلب على قوى هذه الأرض وهذا الكون من خلال توحدي معك."

القسم الثاني

العثور على طريقك إلى النصر

هذه الأرض، التي بدت ذات يوم مكاناً كبيراً، أراها الآن كرة صغيرة من الذرات، تدور في الفضاء، يُدفئها ضوء الشمس، مع غازات ضبابية تدور حولها — كرة صغيرة من الطين تنمو عليها أشكال مختلفة من الحياة.

إن كلمة الله، صوت الروح — التجليات اللانهائية — موجودة في كل شيء*.

* الاهتزاز الذكي الكوني، الذي يكوّن كل الخليقة ويبث الحياة فيها. ويشار إليه أيضاً بـ أوم أو آمين. لقد أصبح أوم الفيدات الكلمة المقدسة هوم عند التبتيين، وآمين المسلمين وقدامى المصريين واليونانيين والرومان واليهود والمسيحيين. "في البدء كان الكلمة والكلمة كان عند الله والكلمة كان الله. كل شيء به كان [الكلمة أو أوم]؛ وبغيره لم يكن شيء مما كان" (يوحنا ١: ١، ٣).

مقتطفات من محاضرة ألقيت في ١٦ فبراير/شباط ١٩٣٩. يظهر الحديث الكامل في *The Divine Romance* (المجلد الثاني من مجموعة أحاديث ومقالات برمهنسا يوغانندا)، منشورات Self-Realization Fellowship.

الاضطرابات الكارثية التي تحدث في هذا المجال المحدود سببها الأنانية البشرية وعدم انسجام الإنسان مع الإنسان ومع الروح الإلهي المحتجب داخل الإنسان وفي كل الخليقة. ولأن البشر لم يتعلموا الدرس من هذه الكوارث، فإن الأرض لا تزال تعاني من العواصف المدمرة والزلازل والفيضانات والأمراض، وأسوأ من هذه، من غيوم الحرب.

هناك طريقة للتغلب على هذا العالم ـــ وللتغلب على الطبيعة والحياة، بما فيها من فقر ومرض وحروب ومشاكل أخرى. يجب أن نتعلم بهذه الطريقة لتحقيق النصر، لأن العالم مندفع في مسيرة وجودية جامحة.

وفي محاولتنا وقف العواصف الهائجة، نبدو أننا لسنا أكثر من نمل صغير يسبح في المحيط. لكن لا تستهن بقوتك. الانتصار الحقيقي يكمن في قهر نفسك كما فعل يسوع المسيح. ولقد منحه انتصاره الذاتي سلطاناً على كل الطبيعة.

يحاول العلم السيطرة على الطبيعة والحياة بطريقة أخرى. ومع ذلك، فإن الوعد الأولي للاكتشافات العلمية غالباً ما يفشل في تحقيق أي شيء دائم. يتم الشعور بالآثار المفيدة لفترة قصيرة فقط، ثم يأتي شيء أسوأ ليهدد سعادة الإنسان ورفاهيته. لن يتحقق النصر الكامل من خلال تطبيق أساليب العلم وحدها، لأن هذه الأساليب تتعامل مع العوامل الخارجية، مع النتائج وليس مع أسبابها الدقيقة. سيستمر العالم على الرغم من الكوارث، وسوف يقوم العلم مراراً وتكراراً بفتوحات جديدة. لكن وحده العلم الروحي يمكنه أن يدلنا على الطريق إلى النصر الكامل.

يجب أن يبقى العقل منتصراً

وفقاً للعلم الروحي، فإن موقف العقل هو كل شيء. فمن المعقول تحمّل الحرارة الشديدة عن طريق استخدام الهواء المبرّد صناعياً، وتحمّل البرودة الشديدة عن طريق التدفئة الصناعية؛ ولكن أثناء محاولة التغلب على المضايقة الخارجية، درّب العقل على البقاء محايداً في كل الحالات. العقل يشبه الورق النشاف، الذي يكتسب بسهولة لون أي صبغة تقوم بوضعها عليه. معظم العقول تكتسب لون بيئتها. ولكن لا عذر لانهزام العقل بسبب الظروف الخارجية. إذا تغير موقفك العقلي باستمرار تحت ضغط الاختبارات، فأنت تخسر معركة الحياة. هذا ما يحدث عندما يخرج شخص يتمتع بصحة جيدة وبعقل جيد إلى العالم لكسب لقمة العيش ويستسلم على الفور للفشل عندما يواجه بعض العقبات. عندما تقبل الفشل، فأنت فاشل. ليس الفاشل هو المعوق بسبب المرض، ولا الذي يحاول باستمرار على الرغم من النكسات المتكررة، ولكن الكسول جسدياً وعقلياً هو الفاشل الحقيقي.

إن الشخص الذي يرفض التفكير، أو المنطق، أو التمييز، أو استخدام إرادته، أو طاقته الإبداعية، قد مات فعلاً.

تعلّم كيفية استخدام سيكولوجية النصر. ينصح بعض الناس بالقول: "لا تتحدث عن الفشل على الإطلاق." لكن هذا وحده لن يساعد. أولاً، قم بتحليل فشلك وأسبابه، واستفد من التجربة، ثم ابعد عنك كل التفكير به. الشخص الذي يواصل كفاحه، والذي

لا يُهزم من الداخل، هو شخص منتصر حقاً على الرغم من أنه فشل مرات عديدة. لا يهم إن كان العالم يعتبره فاشلاً، ما دام لم يستسلم عقليا، فهو لم يُهزم أمام الله. هذه الحقيقة تعلمتها من اتصالي بالروح الإلهي.

أنت دائماً تقارن ما لديك بما عند الآخرين. قد يكون هناك شخص ما أكثر انتباهاً ونجاحاً منك، فيجعلك ذلك حزيناً بائسا.

وتلك إحدى مفارقات الطبيعة البشرية. لا تندب حظك ولا تتحسر على قدَرك. في اللحظة التي تقارن فيها بحسد ما لديك بما يمتلكه شخص آخر، فإنك تهزم نفسك. لو كنت تعرف فقط عقول الآخرين، فلن ترغب في أن تكون أي شخص غير أنت!

يجب ألا نحسد أحداً. دع الآخرين يحسدوننا. لا يوجد أحد له نفس كنفسك. كن فخوراً بما لديك وبكينونتك. لا أحد لديه شخصية كشخصيتك تماماً. ولا أحد لديه وجه كوجهك. ولا أحد لديه روح كروحك. أنت خليقة فريدة من خلق الله. ويجب أن تكون فخوراً جداً بذلك!

علم اليوغا
للتخلص من الأفكار الخاطئة

القول بأنه لا يوجد شر هو أمر غير واقعي. لا يمكننا الهروب من الشر بتجاهله. ما هو الشر؟ هو كل ما يعيق معرفة الله. الله على علم بكل أفكارنا وأفعالنا الخاطئة والمشاكل التي نمر بها. لو أنه لا يعرف أن الشر موجود، فلا بد أنه إله جاهل جداً!

إذاً، الخير والشر، الإيجابي والسلبي، كلاهما موجود في هذا العالم. أثناء محاولة الحفاظ على الوعي إيجابياً، يصبح العديد من الناس خائفين بشكل غير معقول من الأفكار السلبية. لا فائدة من إنكار وجود الأفكار السلبية، ولكن لا ينبغي أن تخشاها. استخدم تمييزك لتحليل الأفكار الخاطئة ثم تخلص منها.

بمجرد أن يسري سم الفكر السلبي ويستقر في الأنا*، يصبح من الصعب جداً التخلص منه. تُروى قصة عن رجل كان يحاول إخراج روح شريرة من امرأة. ألقى عليها بذور الخردل، وكان من المفترض أن تجعل الروح تغادرها. لكن الروح الشريرة ضحكت وقالت:

"لقد دخلت في بذور الخردل قبل أن ترميها، لذا فهي لا تعمل ضدي."

---

* الوعي البشري المقيد بالجسد، وبالتالي بالمحدوديات البشرية. أما وعي الروح الإلهي فيحقق ذاته مع الله وهو منيع ضد المؤثرات السلبية.

وبالمثل، عندما يتغلغل سم الأفكار السلبية في عقلك بشكل كامل، تتوقف قوة العقل عن العمل. لأن "الروح الشريرة" للأفكار السلبية تدخل "بذور خردل" قوتك العقلية. وبالتالي، إذا مرضتَ لمدة شهر، فإنك تميل إلى الاعتقاد بأنك ستظل مريضاً دائماً. كيف يمكن لهذا الشهر من المرض أن يتغلب على الحقيقة المتمثلة في السنوات العديدة من الصحة الجيدة التي استمتعت بها؟ مثل هذا التفكير مجحف في حق عقلك.

يسبر العلماء الميتافيزيقيون المتبحرون وعي الروح، وبقوته الإلهية يطردون كل آثار الشر من حياتهم. هذه هي طريقة اليوغا لتدمير كل العوائق التي تحول دون اتحاد الروح مع الله. إنها ليست طريقة خيالية، بل علمية. اليوغا هي أسمى طريق إلى الله. فمن خلال اليوغا، تترك وراءك كل الأفكار السلبية وتدرك الحالات النهائية للوعي. اليوغا هي طريق العالِم الروحي.

إنه علم بحت وكامل من كل ناحية. تُعلمك اليوغا أن تنظر إلى نفسك نظرة فاحصة وصادقة وتدرك ما أنت عليه، وتستخدم بعد ذلك كل قوة روحك لتدمير الشر الذي في داخلك. لا يمكنك إنكار الشر بمجرد عدم اعتقادك بوجوده. ومهما يكن مقدار الإصرار والمثابرة الذي يتطلبه الأمر، لا يشعر العالِم الروحي بالتثبيط أبداً. فهو يعلم أنه لا توجد مشكلة أقوى من القوة التي أعطاها له الله، مهما كانت تلك المشكلة جسيمة وخطيرة.

حلل نفسك بأمانة
حتى تتمكن من التحسين

تعلم كيفية تحليل نفسك، والنظر إلى كل النواحي السلبية والإيجابية: كيف أصبحت ما أنت عليه؟ ما هي نقاطك الجيدة والسيئة وكيف اكتسبتها؟ وقم بعد ذلك بإتلاف الغلة السيئة. اقتلع زوان الصفات الشريرة من نفسك وازرع المزيد من بذور الصفات الروحية لزيادة غلة حصاد الخير. عندما تتعرف على نقاط ضعفك وتزيلها علمياً، تزداد عزماً وقوة.

لذلك يجب ألا تسمح لنفسك بالتثبيط بسبب نقاط ضعفك، لإنك إن فعلت تكون قد اعترفت بأنك فاشل. يجب أن تكون قادراً على مساعدة نفسك من خلال التحليل الذاتي البنّاء. الذين لا يمرّنون قدرتهم التمييزية هم مكفوفون، لأن الجهل فيهم قد طغى على حكمة الروح الفطرية. ولهذا السبب يعاني الناس.

لقد أعطانا الله القدرة على التخلص من الجهل والكشف عن حكمتنا الفطرية، مثلما أعطانا القوة لفتح أجفاننا ومشاهدة الضوء. قم كل ليلة باستبطان ذاتك واحتفظ بمفكرة ذهنية؛ وبين الحين والآخر خلال النهار توقف لدقيقة واحدة، وحلل ما تفعله وتفكر فيه. الذين لا يحللون أنفسهم لا يتغيرون أبداً. فهم يصابون بالركود ويعجزون عن النمو بدرجة كبيرة أو صغيرة. وهذه حالة خطيرة من العيش.

تصبح راكداً عندما تسمح للظروف بأن تطغى على حكمك الأفضل. من السهل جداً إضاعة الوقت ونسيان ملكوت الله.

وبالتالي، فأنت تفكر كثيراً في الأمور الزهيدة، وليس لديك وقت للتفكير في الله. عندما تحلل نفسك كل ليلة، احذر لئلا تصبح راكداً. لقد جئتَ إلى العالم لا لتخسر نفسك، ولكن لتجد نفسك الحقيقية. لقد أرسلك الله إلى هنا كجندي له لتنتصر على حياتك. أنتَ ابنه، وأعظم خطيئة هي أن تنسى أو تتخلى عن واجبك الأسمى: الانتصار على نفسك الصغيرة واستعادة مكانتك الحقيقية في ملكوت الله.

الانتصار على الذات
هو أعظم انتصار

كلما زادت مشاكلك، زادت فرصتك لأن تثبت لله بأنك نابليون روحي أو جنكيز خان روحي ـــ منتصر على ذاتك. هناك الكثير من العيوب في داخلنا يجب التغلب عليها! من يصبح سيد نفسه هو فاتح حقيقي.

يجب أن تسعى جاهداً لفعل ما أفعله ـــ تحقيق النصر باستمرار في داخلي. وفي هذا الانتصار الداخلي، أجد العالم كله تحت إمرتي. العناصر التي تبدو غامضة للغاية، والكتب المقدسة التي تبدو متناقضة للغاية ـــ وكل الأشياء تتضح في نور الله العظيم. في ذلك النور يتم فهم وإتقان كل شيء. إن اكتساب هذه الحكمة الإلهية هو الغرض الوحيد الذي أُرسلتَ من أجله إلى هنا؛ وإن كنت تبحث عن أي شيء آخر بدلاً من ذلك، فسوف تعاقب نفسك. اعثر على ذاتك العليا واعثر على الله. ومهما

كانت متطلبات الحياة منك، قم بتلبيتها بأفضل ما لديك. من خلال التمييز، ومن خلال العمل الصحيح، تعلّم كيف تتغلب على كل عقبة وتحقق السيادة الذاتية.

طالما أنك تتساءل عما إذا كنت ستفوز أو تخسر في معاركك مع الحياة، فسوف تستمر في الخسارة. لكن عندما تكون منتشياً بسعادة الله في داخلك، فإنك تصبح أكثر إيجابية ـــ وأكثر تواضعاً. لا ترجع للوراء ولا تقف ساكناً. غالبية الناس هم إما راكدون أو منخرطون في لعبة شد الحبل بين ميولهم الصالحة والشريرة.

فمن الذي سيفوز؟ الوسواس هو صوت الشيطان يهمس في عقلك. الشيطان يحاول دائماً أن يفسد أمورك. أن تصاب بالضعف ليس خطيئة، لكنك تضيع في اللحظة التي تتخلى فيها عن بذل المجهود للتغلب على الضعف. طالما أنك تحاول، وطالما أنك تنهض بنفسك عندما تسقط، فسوف تنجح. ليس الانتصار بحد ذاته هو الذي يجلب المتعة، بل القوة والرضا اللذان يأتيان عندما تتغلب على نقطة من نقاط الضعف.

ادرس حياة القديسين. ما يسهل عمله ليس الطريق إلى الله. ما يصعب عمله هو الطريق إليه! القديس فرنسيس كان يعاني من مشاكل أكثر مما تتصور، لكنه لم يستسلم. وبقوة العقل تغلب على تلك العقبات الواحدة بعد الأخرى وأصبح واحداً مع سيد الكون. لماذا لا تمتلك هذا النوع من التصميم؟

غالباً ما أفكر أن الاعتراف بالفشل هو من أكبر الأخطاء، لأنك بذلك تجحد القوة العليا لروحك التي هي صورة الله في

داخلك. لا تيأس أبداً.

اعمل على تنمية رغبتك بتلك الأنشطة التي ستساعدك على امتلاك قدر أكبر من السيادة على نفسك. النصر الحقيقي يكمن في تطبيق قراراتك الحسنة بالرغم من كل الصعوبات. لا تدع أي شيء يضعف إصرارك ويكسر تصميمك. معظم الناس يفكرون: "لا بأس من عدم القيام بذلك اليوم؛ غداً سأحاول مرة أخرى." لا تخدع نفسك. هذا النوع من التفكير لن يحقق النصر. إذا اتخذت قراراً ولم تكف أبداً عن محاولة تنفيذه، فستنجح. قالت القديسة تريزا الأفيليّة، "القديسون هم خطاة لم يستسلموا أبداً ولم يتوقفوا عن بذل المجهود." الذين لا يستسلمون يحققون النصر في النهاية.

كن آمناً في صلاحك الفطري

ذات يوم سترحل من هذا العالم. سيبكي عليك البعض، والبعض قد يقول بضع كلمات في حقك.

لكن تذكر أن كل الأفكار السيئة التي فكرتها، وكذلك الأفكار الجيدة، سترافقك. لذا فإن واجبك المهم هو أن تراقب نفسك وتصححها، وتبذل قصارى جهدك. تجاهل ما قد يقوله أو يفعله الآخرون ضدك، طالما أنك تسعى بصدق لفعل الصواب. لا أحاول أبداً استعداء أي شخص، وفي قلبي أعلم أنني بذلت قصارى جهدي لأكون لطيفاً مع الجميع. لكنني لا أهتم برأي الإنسان سواء كان مديحاً أو إدانة. الله معي وأنا معه.

هذا ليس تفاخراً، لكنني اختبرت في وعيي الفرح العظيم للشعور المؤكد في روحي بأنه لا يمكن لأحد أن يستفزني ويدفعني للانتقام. أفضل أن أصفع نفسي على أن أتعمد إهانة أي شخص. إن تمسكت بتصميمك على أن تكون لطيفاً، بغض النظر عن الطريقة التي يحاول بها الناس إزعاجك، فأنت منتصر. فكر في ذلك. عندما تتعرض للتهديد، وتبقى هادئاً وغير خائف، فاعلم أنك تنتصر على ذاتك الصغيرة.

لا يمكن لعدوك أن يمس روحك.

لم أستطع التفكير في أن أكون قاسياً، حتى مع عدو لدود. لأن ذلك سيؤذيني. أرى الكثير من القسوة في العالم، وليس هناك أي عذر لي لأضيف إليها. عندما تحب الله، وعندما ترى الله في كل نفس، لا يمكنك أن تكون قاسياً. إذا تصرف أحدهم بطريقة مؤذية تجاهك، ففكر في أفضل الطرق للتعامل معه بمحبة. وإذا ظل يرفض أن يكون متفهماً ومراعياً للمشاعر، فانسحب وابقَ منسحباً لبعض الوقت. حافظ على لطفك في داخلك، لكن لا تدع أي دليل على عدم اللطف يفسد سلوكك. إن أحد أعظم الانتصارات على الذات الصغيرة هو التأكد دوماً من قدرتك على مراعاة المشاعر والمحبة، وعلى المعرفة الأكيدة بأنه لا يمكن لأحد أن يجعلك تتصرف بطريقة مختلفة. تدرّب على هذا. لم تتمكن الحكومة الرومانية بأكملها أن تثير مشاعر القسوة في المسيح. حتى الذين صلبوه صلى من أجلهم قائلاً:

"يا أبتاه اغفر لهم لأنهم لا يعلمون ماذا يفعلون"*.
عندما تكون متأكداً من سيطرتك على ذاتك، فإن انتصارك يكون أعظم من انتصار الدكتاتور ــــ وانتصارك سيكون نظيفاً لا تشوبه شائبة أمام محكمة ضميرك. ضميرك هو القاضي. دع أفكارك تكون هيئة المحلفين وأن تكون أنت المدعى عليه. ضع نفسك تحت الاختبار كل يوم، وستجد أنه في كثير من الأحيان تتم معاقبتك على يد ضميرك، وبقدر ما تصدر حكماً صارماً على نفسك بأن تكون إيجابياً ــــ وتكون صادقاً مع طبيعتك الإلهية ــــ سوف تكون منتصراً.

تحقيق انتصار الروح

العمر ليس عذراً لعدم محاولة تغيير الإنسان ذاته. النصر لا يكمن في مرحلة الشباب، بل في المثابرة. اعمل على تنمية الإصرار الذي امتلكه يسوع. قارن عقليته عندما حان الوقت للتخلي عن جسده، مع عقلية أي رجل يسير في شوارع القدس ويبدو ظاهرياً أنه حر وناجح.
لقد ظل يسوع إلى النهاية، وفي كل تجربة وامتحان، منتصراً انتصاراً باهراً ــــ حتى عندما سُجن وصُلب من قبل أعدائه. كان له سلطان على كل الطبيعة، وسخر من الموت ليقهر الموت. من يخف الموت يسمح للموت أن ينتصر عليه. لكن الذين يواجهون

* لوقا: ٢٣: ٣٤

أنفسهم، ويحاولون كل يوم التغيير نحو الأفضل، سيواجهون الموت بشجاعة ويحققون النصر الحقيقي. انتصار الروح هذا هو الانتصار الأهم.

بالنسبة لي، لم يعد هناك أي حجاب بين الحياة والموت، لذا فإن الموت لا يخيفني على الإطلاق. الروح المتجسدة تشبه موجة على صدر المحيط. عندما يموت شخص ما، تنخفض موجة الروح وتختفي تحت سطح محيط الروح، من حيث أتت. إن حقيقة الموت محجوبة عن وعي الناس العاديين، الذين لا يبذلون جهداً لمعرفة الله.

هؤلاء الأشخاص لا يستطيعون أن يتصوروا أنه في داخلهم يوجد ملكوت الله الزاخر بالعجائب المدهشة. في ذلك الملكوت لا يوجد ألم ولا فقر ولا قلق ولا كوابيس يمكن أن تخدع الروح أبداً. كل ما عليّ فعله هو فتح عيني الروحية، فتتلاشى الأرض ويظهر عالم آخر. في تلك المنطقة أرى الله اللامتناهي. تأتي هذه الحالة بإحداث توازن بين النشاط والتأمل. الضرورة تقتضي بذل قدر كبير من النشاط؛ ليس رغبة في خدمة الشخص ذاته، بل رغبة في خدمة الله. ومن الضروري أيضاً بذل الجهد اليومي لمعرفة الله من خلال التأمل العميق.

تنسيق الواجبات الدنيوية
وبحثك عن الله

إن كونك شخصاً مشغولاً جداً لا يبرر نسيانك الله. المريدون السائرون على الطريق الروحي يواجهون تجارب وامتحانات أكثر من أولئك الذين يتبعون مساراً مادياً، لذلك لا تستخدم التزاماتك الدنيوية كعذر لتجاهل الله.

يجب ألا تغفل التفكير في الله أثناء العمل، ولا تهمل العمل من أجل الله. يجب التوفيق بين النشاطين. تأمل كل يوم، وفكر في الله وأنت تحمل حقيبتك المثقلة بالواجبات الدنيوية. اشعر أنك تفعل كل شيء مرضاة لله. إذا كنت تعمل من أجل الله، فبغض النظر عن المهام التي تؤديها، سيظل عقلك متوجهاً دائماً نحوه.

في الصراع الصعب للحفاظ على التوازن بين التأمل والنشاط، يكمن الأمان الأعظم في الوعي الإلهي. كل ما أفعله بوعي الله يصبح تأملاً. المدمنون على الشراب يمكنهم العمل والبقاء في نفس الوقت تحت تأثير الكحول. لذلك، إذا كنت معتاداً على الابتهاج الغامر بالله، يمكنك العمل دون انقطاع للاتصال مع الله في داخلك. في حالة التأمل العميق، عندما ينسحب عقلك من كل شيء وتتوحد مع وعي الله، لن يتجاوز أي فكر طائش عتبة ذاكرتك.

ستقف مع الله خلف البوابة الحديدية القوية لتركيزك وإخلاصك، والتي لا تجرؤ الآلهة ولا العفاريت على المرور من خلالها. وتلك هي أروع حالات النصر!

ابتعد عن الجميع بين الحين والآخر، لكي تكون وحدك مع الله. لا ترَ أحدا. بل تفكَّر وادرس وتأمل. الليل هو أفضل وقت لمثل هذه الخلوة. قد تعتقد أنه لا يمكنك تغيير عاداتك وممارسة هذا النشاط لأن هناك واجبات كثيرة تشغل وقتك. ولكن لديك الليل كله لنفسك، فلا عذر لعدم السعي للتعرف على الله. لا تخف من أن تفقد صحتك إذا فقدت القليل من النوم. من خلال التأمل العميق ستكتسب قدراً أكبر من الصحة.

بعد ساعة معينة من الليل، لم يعد ذهني مع العالم على الإطلاق وأبتعد بفكري عن كل شيء. للنوم اهتمام قليل جداً في حياتي. في الليل أحاول أن أشعر بالنعاس مثل الآخرين. أقول لنفسي سوف أنام. ولكن يأتي نور عظيم، وتتلاشى كل أفكار النوم.

عندما لا أنام، لا أشعر أبداً أنني أفتقد إلى النوم. في اليقظة الأبدية أرى أنه لا يوجد نوم. لأن فرح الحكمة الإلهية يغمر الوعي.

أشعر بالدراما الإلهية التي لا يمكن لأي شخص آخر أن يشعر بها، باستثناء أولئك الذين يظهر الله لهم ذاته. أنا جزء من دراما العالم هذه، وأنا أيضاً منفصل عنها. أراكم جميعاً كممثلين في هذه المسرحية الكونية. الرب هو مدير المسرحية. وعلى الرغم من أنه تم تخصيص دور معين كي تقوم بأدائه، إلا أن الله لم يجعلك إنساناً آلياً. فهو يريدك أن تلعب الدور بذكاء وتركيز، وأن تدرك أنك لا تؤدي دورك لأحدٍ سواه. هذه هي الطريقة التي يجب أن تفكر بها. لقد اختارك الله لعمل معين في هذا العالم،

وسواء كنت رجل أعمال أو مدبرة منزل أو عاملاً، فقم بدورك مرضاة له وحده. عندها ستنتصر على آلام وقيود هذا العالم. من كان الله في قلبه كانت كل قوى الملائكة بداخله. ولا يمكن إعاقة انتصاره.

عندما تسير بعينين مغمضتين في وادي الحياة وتتعثر في الظلام، تكون بحاجة إلى مساعدة شخص مبصر. تحتاج إلى معلم أو مرشد روحي. إن اتباع شخص مستنير هو السبيل الوحيد للخروج من اضطرابات وتشويشات العالم. الطريقة الحقيقية للحرية تكمن في اليوغا، في التحليل الذاتي العلمي، وفي اتباع الشخص الذي اجتاز غابة اللاهوت ويمكن أن يقودك بأمان إلى الله ...

الفوز بالله هو النصر النهائي

لا تعتقد أنه لا يمكنك التغيير والتحسين. تذكر ذلك. كل ليلة حلل نفسك. تأمل بعمق وابتهل: "يا رب، لقد عشت طويلاً بدونك. لقد لعبت ولهوت بما يكفي مع أهوائي ومشتهياتي. فما عسى أن يكون مصيري الآن؟ أريدك أن تكون من نصيبي. تعالَ لمساعدتي. ضع حداً لنذر صمتك. ارشدني."

قد يبقى صامتاً لعشر مرات. لكن بين الحين والآخر، عندما لا تتوقع حضوره، سيأتي إليك. لأنه لا يستطيع البقاء بعيداً. لكنه لن يأتي إليك ما دام لديك فضول حول أمور غير مقدسة. ولكن إذا كنت مخلصاً حقاً، سيكون معك أينما وحيثما كنت. وهذا يستحق

كل الجهد الذي قد تبذله.

الخلوة هي ثمن العظمة. تجنب قدر الإمكان كثرة الذهاب إلى الأماكن الصاخبة. الضوضاء والنشاط المضطرب يبقيان الأعصاب متهيجة ومنفعلة. هذا ليس هو الطريق الى الله. إنه سبيل الهلاك، لأن ما يدمر سلامك يبعدك عن الله. عندما تكون هادئاً وساكناً، فأنت مع الرب. أحاول البقاء لوحدي معظم الوقت، لكن سواء كنت بمفردي أو وسط الزحام، أجد خلوة في روحي. ويا لتلك الخلوة من كهف عميق! كل أصوات الأرض تتلاشى، ويخمد العالم بالنسبة لي، أثناء تجولي في كهف السلام. إذا لم تكن قد عثرت على هذه المملكة الداخلية، فلماذا تضيع وقتك؟

من سيخلصك؟ لا أحد غير نفسك. لذلك لا تُضِع المزيد من الوقت.

حتى لو كنت معوقاً، مكفوف البصر، أصماً، أخرساً، ومنبوذاً من العالم، لا تستسلم! إذا صليت، "يا رب، لا أستطيع أن أذهب إلى معبدك بسبب عيني وأطرافي الضعيفة، ولكن عقلي يفكر فيك بكل قواه"، يأتي الرب ويقول: "يا بني، العالم يتخلى عنك، لكني أضمّك بين ذراعي. وفي عيني أنت منتصر". إنني أحيا في وعي حضوره المجيد كل يوم. وأشعر بانفصال رائع عن أي شيء آخر. حتى عندما أحاول أن أشعر بأمنية خاصة لنفسي، أجد عقلي منفصلاً عن ذلك. الروح الإلهي هو غذائي. الروح الإلهي هو فرحي. الروح الإلهي هو شعوري. الروح الإلهي هو هيكلي وجمهوري. الروح الإلهي هو مكتبتي التي منها أستمد إلهامي. والروح هو حبي وحبيبي. روح الله يشبع كل رغباتي،

لأني فيه أجد كل الحكمة، وأجد حب كل حبيب، وكل الجمال، وكل شيء. لا توجد رغبة أخرى لي، ولم يبق لي طموح آخر إلا الله. كل ما كنت أبحث عنه وجدته فيه. وأنت أيضاً ستجد ذلك.

كل جهد روحي تقوم به يجلب لك
هدية أبدية من الروح الإلهي

لا تهدر المزيد من الوقت، لأنه إذا توجّب تغيير إقامتك الجسدية [بالرحيل من هذا العالم]، فسيتعين عليك الانتظار لفترة طويلة للحصول على فرصة أخرى للبحث عن الله بجدية، مروراً أولاً بالولادة الجديدة ومعاناة الطفولة وقلق الشباب. لماذا تضيع وقتك في رغبات عديمة الفائدة؟ من الحماقة أن تقضي حياتك في البحث عن أشياء يجب أن تتركها عند الموت. لن تجد السعادة بهذه الطريقة. لكن كل جهد تبذله من أجل الاتصال بالله في التأمل سيجلب لك هدية أبدية من الروح الإلهي. ابدأوا الآن ــ يا من أنتم عشاق الله الحقيقيون، ويا من لا تطلبون مجدكم، بل مجد الروح الإلهي.

على كل واحد أن يحقق الانتصار بنفسه. صمم على أنك ستحقق انتصاراً باهراً. لست بحاجة إلى جيش أو مال أو أي مساعدة مادية أخرى لتحقيق أعظم انتصار يمكن تحقيقه. كل ما تحتاجه هو تصميم قوي على الفوز. وكل ما عليك فعله هو الجلوس بهدوء في التأمل، واستخدام سيف التمييز، لبتر الأفكار المضطربة الواحد تلو الآخر. وعندما يتم القضاء على كل

تلك الأفكار، ستكون مملكة الله المتمثلة في الحكمة الهادئة من نصيبك.

كل من يسمع هذه الخطبة، ويبذل جهداً صادقاً للتغيير، سيحقق تواصلاً أكبر مع الله، وسيجد في الله انتصار الروح الحقيقي والدائم.

كلمة عن المؤلف

يُعتبر برمهنسا يوغانندا (١٨٩٣-١٩٥٢) على نطاق واسع واحداً من أبرز الشخصيات الروحية في زمننا المعاصر. وُلد في شمال الهند وجاء إلى الولايات المتحدة في عام ١٩٢٠. وعلى مدى العقود الثلاثة التالية ساهم بطرق بعيدة الأثر في زيادة الوعي والتقدير في الغرب لحكمة الشرق الخالدة — من خلال كتاباته، وجولات محاضراته المكثفة، وتأسيس العديد من المعابد ومراكز التأمل التابعة إلى Self-Realization Fellowship*. وقد ساهمت قصة حياته المشهورة، مذكرات يوغي *Autobiography of a Yogi*، بالإضافة إلى العديد من كتبه الأخرى وسلسلة دروسه الشاملة المعدّة للدراسة المنزلية، في تعريف الملايين على علم الهند القديم للتأمل وطرق تحقيق الرفاهية المتوازنة للجسم والعقل والروح.

العمل الروحي والإنساني الذي بدأه برمهنسا يوغانندا يتواصل اليوم بإشراف الأخ تشيدانندا Brother Chidananda، رئيس Self-Realization Fellowship/ Yogoda Satsanga Society of India.

* (جماعة معرفة الذات) لقد أوضح برمهنسا يوغانندا أن اسم Self-Realization Fellowship يعني «صحبة الله عن طريق معرفة الذات، ومصادقة جميع النفوس الباحثة عن الحقيقة».

موارد إضافية بخصوص تعاليم برمهنسا يوغانندا حول كريا يوغا

Self-Realization Fellowship مكرسة لتقديم المساعدة دون قيود للباحثين في جميع أنحاء العالم. للحصول على معلومات بخصوص سلسلتنا السنوية من المحاضرات والفصول العامة، وخدمات التأمل الالهامية في معابدنا ومراكزنا حول العالم، وجدول الخلوات والأنشطة الأخرى، ندعوكم لزيارة موقعنا على الإنترنت أو مقرنا العالمي:

www.yogananda.org
Self-Realization Fellowship
3880 San Rafael Avenue
Los Angeles, CA 90065-3219
+1(323) 225-2471

دروس
Self-Realization Fellowship

إرشادات وتعليمات شخصية
من برمهنسا يوغانندا حول التأمل ومبادئ الحياة الروحية

إذا كنت تشعر بالانجذاب إلى تعاليم برمهنسا يوغانندا، فإننا ندعوك للتسجيل في دروس Self-Realization Fellowship.

لقد أنشأ برمهنسا يوغانندا سلسلة الدراسة المنزلية هذه لإتاحة فرصة للباحثين المخلصين لتعلّم وممارسة أساليب تأمل اليوغا القديمة التي جلبها إلى الغرب – بما في ذلك علم الكريا يوغا *Kriya Yoga*. تقدم الدروس أيضاً إرشاداته العملية لتحقيق الازدهار، والرفاه الجسدي، والعقلي، والروحي.

تتوفر دروس Self-Realization Fellowship مقابل رسم رمزي (لتغطية تكاليف الطبع والبريد)، ويقدم رهبان وراهبات Self-Realization Fellowship لجميع الطلاب إرشادات شخصية حول الممارسة التطبيقية.

لمزيد من المعلومات...

يرجى زيارة الموقع الإلكتروني www.srflessons.org أو طلب حزمة تتضمن معلومات مجانية شاملة عن الدروس.

ومن منشورات Self-Realization Fellowship أيضاً..

مذكرات يوغي
بقلم برمهنسا يوغانندا

تقدم هذه السيرة الذاتية المشهورة صورة رائعة لأحد الشخصيات الروحية العظيمة في عصرنا. بصراحة ممتعة، وبلاغة وفطنة شفافة، يروي برمهنسا يوغانندا سيرة حياته الملهمة بما فيها من تجارب طفولته الرائعة، ولقاءاته مع العديد من القديسين والحكماء خلال بحثه وهو فتىً يافع في جميع أنحاء الهند عن معلم مستنير، وتدريبه لعشر سنوات في صومعة معلم يوغا جليل، وثلاثين عاماً عاشها وعلّم خلالها في أمريكا. كما تحتوي السيرة أيضاً على لقاءاته مع المهاتما غاندي، ورابندرانات طاغور، ولوثر بربانك، والكاثوليكية تيريز نيومان التي حملت جروحاً تشبه جروح المسيح، وشخصيات روحية أخرى مشهورة من الشرق والغرب.

كتاب مذكرات يوغي *Autobiography of a Yogi* هو في الوقت نفسه قصة مدونة بأسلوب جميل لحياة استثنائية وهي مقدمة عميقة لعلم اليوغا القديم وتقليد التأمل العريق، حيث يشرح المؤلف بوضوح القوانين الشفافة إنما الثابتة خلف كل الأحداث العادية للحياة اليومية والأحداث غير العادية التي تدعى عادة

معجزات. وهكذا تصبح قصة حياته المشوقة خلفية أساسية لإلقاء نظرة ثاقبة لا تُنسى على الأسرار النهائية للوجود البشري.

يعتبر الكتاب من الكلاسيكيات الروحية الحديثة، وقد تُرجم إلى أكثر من خمسين لغة ويستخدم على نطاق واسع ككتاب دراسي وعمل مرجعي في الكليات والجامعات، وهو من أكثر الكتب مبيعاً منذ نشره لأول مرة قبل أكثر من خمسة وسبعين عاماً، وقد وجدت هذه السيرة الذاتية طريقها إلى قلوب ملايين القراء حول العالم.

"**قصة نادرة.**" – نيويورك تايمز

"**دراسة رائعة ومستوفية الشروح**" – نيوزويك

"**لم يُدون من قبل، لا باللغة الإنجليزية ولا بأية لغة أوروبية أخرى، مثل هذا العرض لليوغا.**"
– مطبعة جامعة كولومبيا

كتب باللغة العربية من تأليف
برمهنسا يوغانندا

منشورات عربية من *Self-Realization Fellowship*

متوفرة على الموقع الإلكتروني
www.srfbooks.org
أو غيره من مكتبات بيع الكتب عبر الإنترنت

كيف يمكنك محادثة الله

يُعرّف برمهنسا يوغانندا الله بأنه الروح الكوني الفائق والأب، والأم، والصديق الشخصي المحب والقريب من الجميع، ويبيّن مدى قرب الرب من كل واحد منا، وكيف يمكن إقناعه بأن "يكسر صمته" ويستجيب بطريقة محسوسة.

توكيدات شفاء علمية

في هذا الكتاب الذي يشتمل على مجموعة واسعة من التوكيدات يقدم برمهنسا يوغانندا شرحاً عميقاً للأسس العلمية للتوكيد. ويشرح طريقة عمل التوكيدات، وكيف يمكن استخدام قوة الكلمة والفكر ليس فقط لاستجلاب الشفاء، ولكن أيضاً لإحداث التغيير المرغوب في كل مجال من مجالات الحياة.

تأملات ميتافيزيقية

أكثر من ٣٠٠ من التأملات والصلوات والتوكيدات الروحية التي تلهم الفكر وتسمو به، والتي يمكن استخدامها لتنمية قدر أكبر من الصحة،

والحيوية، والإبداع، والثقة بالنفس، والهدوء؛ وللعيش بدراية أكبر بحضور الله الذي يغمر النفس بالغبطة والابتهاج.

عِلم الدين

في هذا الكتاب، يبين برمهنسا يوغانندا أن داخل كل إنسان توجد رغبة حتمية لا مفر منها وهي التغلب على المعاناة والحصول على سعادة لا انتهاء لها. وإذ يشرح كيف يمكن تحقيق هذه الأشواق، فإنه يتناول بدقة الفعالية النسبية للمقاربات المختلفة لتحقيق هذا الهدف.

قانون النجاح

يشرح المبادئ الديناميكية لتحقيق أهداف المرء في الحياة، ويحدد القوانين الكونية التي تحقق النجاح وتجلب الرضا – على المستوى الشخصي والمهني والروحي.

همسات من الأبدية

مجموعة من صلوات برمهنسا يوغانندا واختباراته الإلهية في حالات التأمل السامية. إن كلماته المدونة بجمال شعري وإيقاع رائع تظهر تنوعاً لا ينفد لطبيعة الله والعذوبة اللامتناهية التي يستجيب بها لمن يبحثون عنه.

مأثورات برمهنسا يوغانندا

مجموعة من الأقوال والمشورة الحكيمة التي تنقل ردود برمهنسا يوغانندا الصريحة والمفعمة بالمحبة لأولئك الذين قصدوه التماساً للتوجيه والإرشاد. المأثورات في هذا الكتاب، التي تم تدوينها بواسطة عدد من تلاميذه المقربين، تتيح للقارئ فرصة المشاركة في لقاءاتهم مع المعلم.

كتب باللغة الإنكليزية
لبرمهنسا يوغانندا

Autobiography of a Yogi

God Talks With Arjuna: The Bhagavad Gita
— A New Translation and Commentary

The Second Coming of Christ:
The Resurrection of the Christ Within You
— A Revelatory Commentary on the Original Teachings of Jesus

The Yoga of the Bhagavad Gita

The Yoga of Jesus

The Collected Talks and Essays
Volume I: Man's Eternal Quest
Volume II: The Divine Romance
Volume III: Journey to Self-realization

Wine of the Mystic:
The Rubaiyat of Omar Khayyam
— A Spiritual Interpretation

Songs of the Soul

Whispers from Eternity

Scientific Healing Affirmations

In the Sanctuary of the Soul:
A Guide to Effective Prayer

The Science of Religion

Metaphysical Meditations

Where There Is Light
—Insight and Inspiration for Meeting Life's Challenges

Sayings of Paramahansa Yogananda

Inner Peace:
How to Be Calmly Active and Actively Calm

Living Fearlessly
—Bringing Out Your Inner Soul Strength

The Law of Success

How You Can Talk With God

Why God Permits Evil and How to Rise Above It

To Be Victorious in Life

Cosmic Chants

دي في دي فيديو

Awake: The Life of Yogananda
فيلم من إنتاج شركة أفلام كاونتربوينت

يتوفر كتالوج كامل يحتوي على كتب وتسجيلات فيديو/ تسجيلات صوتية – بما في ذلك تسجيلات أرشيفية نادرة لبرمهنسا يوغانندا – على الموقع الإلكتروني:
www.srfbooks.org

حزمة تقديمية مجانية

الطريقة العلمية للتأمل التي علّمها برمهنسا يوغانندا، بما في ذلك كريا يوغا – إلى جانب توجيهاته بخصوص كافة جوانب العيش الروحي المتزن – يتم تلقينها في دروس Self-Realization Fellowship. يرجى زيارة الموقع الإلكتروني www.srflessons.org وطلب حزمة معلومات مجانية شاملة عن الدروس.

Self-Realization Fellowship
3880 San Rafael Avenue • Los Angeles, CA 90065-3219
Tel +1(323) 225-2471 • fax +1(323) 225-5088
www.yogananda.org